MATTHIAS UHLIG

# Sukkulenten & Kakteen

GESTALTEN | PFLANZEN | PFLEGEN

scannen & erleben

**KOSMOS**

# INHALT

**DIE WEGWEISER ZUR KAKTEENPRACHT**

*alles im Überblick*

Am Anfang des Kapitels finden Sie das Wichtigste auf einen Blick. Seitenverweise führen Sie gezielt zu den ausführlichen Informationen.

*alles Wissenswerte*

Abgeschlossene Doppelseiten bieten weiterführende Informationen zu den Themen. Entweder lesen Sie von hier aus weiter oder Sie gehen zurück zur Übersichtsseite, um das nächste Thema auszuwählen.

*alle Extras*

Das könnte Sie auch noch interessieren, denn hier finden Sie Themen, die über das Wesentliche hinausgehen. Diese Seiten sind kein Muss, machen aber neugierig und Lust auf mehr.

## GESTALTUNG

*alles im Überblick*

*alles Wissenswerte*

*alle Extras*

**SCANNEN UND ERLEBEN**

QR-Codes im Buch scannen: Der schnelle Zugang zu weiteren Infos rund um Ihre Pflanzen. Mit diesem Code oder unter www.m.kosmos.de/14143/t1 gelangen Sie zur Übersicht der QR-Codes. Wir empfehlen Ihnen, eine WLAN-Verbindung zu nutzen, um lange Ladezeiten zu vermeiden.

# PRAXIS

# PORTRÄTS

*robust & filigran*

# GESTALTUNG

# VIELFÄLTIGE WELTEN

**S. 8**

### *Ein toller Trick*

Die einzigartige Fähigkeit, Wasser zu speichern, auch Sukkulenz genannt, gibt Kakteen und anderen Sukkulenten ihre außergewöhnliche Form. Funktion und Nutzen werden hier erklärt.

**S. 10**

### *Zimmer frei*

Sukkulenten & Kakteen sind ausdauernd, robust, pflegeleicht, halten Temperaturunterschiede aus und bereichern jeden Raum um die Exotik eines außergewöhnlichen Stücks Natur.

**S. 12**

### *Wussten Sie,* DASS OPUNTIEN-SPROSSEN IN MEXIKO ALS LECKERES UND GESUNDES GEMÜSE VERZEHRT WERDEN?

S. 14

S. 18

## Unglaubliche Formen und Farben

Strenge Säulen, scharfe Kanten, krumme Säbel, glatte, glänzende Oberflächen, nirgends sonst sind Pflanzenformen so mathematisch durchgestaltet und statisch perfekt eingerichtet. Wenn die Natur in diesem Bereich Kapriolen schlägt, dann überrascht sie mit schraubigen Formen, Verbänderungen, monströsen wie stacheligen Pflanzenbergen oder greisenhaft haarigen Gebilden. Ebenfalls warten gerade Sukkulenten mit einer erstaunlichen Farbigkeit ihrer Pflanzkörper auf.

## Winterharte Kakteen

Mit der richtigen Auswahl lassen sich Mauern, Kübel, Beete und Balkonkästen mit winterharten Sukkulenten verzaubern und schaffen auch ohne lästiges Umräumen und aufwendige Pflege das ganze Jahr ein faszinierendes Ambiente.

S. 16

## Sammlungen & Botanische Gärten

Tausende der mehr oder weniger dornigen Schönheiten sind in den letzten Jahrzehnten in Sammlungen und Schaugärten zusammengetragen worden, wo sie begeistern, beeindrucken und bereichern. Lesen Sie dazu Tipps und Adressen.

# BESONDERE EXOTEN *Sukkulenten*

**SUKKULENTEN SIND GANZ BESONDERE EXOTEN,** nicht nur, weil sie Wasser speichern können. Sie praktizieren das Gesetz, bei kleinstmöglicher Oberfläche größtmögliches Volumen, eben diese Wasserspeicher, unterzubringen. Dabei entstehen dicke, kugelige Sprosskörper wie beim Schwiegermutterstuhl (*Echinocactus grusonii)*. Der Saguaro (*Carnegiea gigantea*) bildet kandelaberartig verzweigte, dicke Säulen, Agaven oder Aloe haben dicke Blätter, aus denen fast kugelige Rosetten entstehen. Wasserspeicher können auch bis zur Kugelform verdickte Blätter sein, wie bei den Dickblattgewächsen oder verdickte Wurzelhalsbereiche, die Teile des Wurzelstocks und des Sprosses mitumfassen wie bei den Caudexpflanzen.

## *Aktive Spaltöffnungen*

Diese einzigartige Fähigkeit, Wasser zu speichern, auch Sukkulenz genannt, wird noch verbessert durch Oberflächen, die das Verdunsten

**Sonnenschutz** ist nötig, damit der Saguaro (*Carnegiea gigantea*) keimen kann. Erst nach und nach bildet er einen Wasserspeicher aus, der ihm das Überleben ohne jeden Schutz ermöglicht.

**Eine Knolle** (Caudex) bildet *Sinningia* (syn. *Rechsteineria*) *leucotricha* als Wasserspeicher aus. Diese treibt jedes Jahr neue Stängel mit silbrig behaarten Blättern und orange Blüten.

durch dicke Wachsschichten reduzieren. Ganz raffiniert ist ein ebenfalls einmaliger Trick, den viele Sukkulenten beherrschen: Das aktive Öffnen und Schließen der Spaltöffnungen. Diese Atmungsorgane haben alle höheren Pflanzen, mit denen tagsüber Kohlenstoffdioxid ($CO_2$) aufgenommen und mithilfe von Sonnenlicht und Wasser zu Traubenzucker umgewandelt wird, auch Photosynthese genannt.

Da bei geöffneten Spaltöffnungen viel Wasser verdunstet, öffnen Sukkulenten nur nachts die Spaltöffnungen, atmen das $CO_2$ ein und speichern es in Form von Apfelsäure innerhalb der Zellen ab. Tagsüber bleiben die Spaltöffnungen geschlossen, das $CO_2$ aus der Apfelsäure wird freigesetzt und mithilfe von Licht und Wasser in Traubenzucker umgewandelt.

## Amerikanische Urheimat

Tatsächlich sind Kakteen, die ausschließlich auf dem amerikanischen Kontinent beheimatet waren, nur ein Teil der Pflanzen, die die Sukkulenz entwickelt haben. Bekannt sind zum Beispiel die Aloe mit der berühmtesten Vertreterin, der Heil-Aloe (*Aloe vera*), Agaven, Dickblattgewächse (*Crassula*), Wolfsmilchgewächse (*Euphorbie*) und Lebende Steine (*Lithops*) als beliebteste Vertreter der sukkulenten Mittagsblumengewächse. Außer den Agaven kommen diese Pflanzen vor allem auf dem afrikanischen Kontinent vor. Die Kakteen und Agaven, die wir aus dem Mittelmeergebiet kennen, sind dort eingebürgert, das

**DIE TRICKS DER SUKKULENTEN** Welche Raffinesse die Sukkulenten bei der Wasserspeicherung anwenden, erfahren Sie hier oder auch unter www.m.kosmos.de/14143/tb2

**Die Blattsukkulente** *Aloe vera* stammt vermutlich von der arabischen Halbinsel, heute ist sie weltweit verbreitet.

heißt verwildert, denn bereits Kolumbus brachte von seinen Amerikafahrten Kakteen mit in die „Alte Welt". Die außerordentliche Fähigkeit der Sukkulenz prädestiniert diese Pflanzengruppe, unwirtliche Trockengebiete zu besiedeln. Sie kommen mit seltenen Niederschlägen gut zurecht, selbst wenn diese zusätzlich unregelmäßig auftreten.

## Fabelhafte Mitbewohner

Sukkulenten sind damit für viele unserer Wohn- und Lebensbereiche als ideale Zierpflanzen geeignet, vorausgesetzt sie haben genügend Licht. Sie überstehen problemlos einen mehrwöchigen Urlaub, ohne dass man sie gießen muss, kommen mit trockener Zimmerluft bestens klar und ertragen hervorragend höhere Temperaturen, wie sie mitunter in Gewächshäusern oder an Südfenstern entstehen. Auch größere Temperaturschwankungen in Treppenhäusern oder Wintergärten entsprechen vielfach den Bedingungen ihrer ariden Heimat. ■

## WOHNRÄUME, BÜRO
## & CO. *Fürs Fensterbrett*

**WENN GENÜGEND LICHT VORHANDEN IST,** sind Fensterbrett, Veranda, Wintergarten, Büro, ja fast jeder Wohn- oder Lebensbereich gut geeignet für Sukkulenten. Es gibt Zwerge unter ihnen, kaum größer als ein Fingerhut. Mit ihnen lassen sich sehr attraktive Sammlungen an einem kleinen Fensterbrett unterbringen. Lebende Steine (*Lithops*, siehe auch S. 62 und 63), die allesamt im südlichen Afrika zu Hause sind, finden in einer flachen Schale Platz. Arrangiert mit Kieseln kommen sie so sehr schön zur Geltung. Ein solches Arrangement kann man ebenfalls mit Kakteen, wie zum Beispiel Zwerg- (Rebutien) oder Warzenkakteen (Mammillarien) gestalten.

**Imposante Sukkulentenlandschaften** lassen sich mit dem nötigen Fachwissen sehr attraktiv in Szene setzen. Ein Blickfang für jeden Besucher, der mit einem Minimum an Pflege auskommt, vorausgesetzt es ist wie hier genügend Licht vorhanden.

**Das Fensterbrett** ist ein optimaler Standort für Kaktus & Co., da hier in der Regel beste Lichtverhältnisse geboten sind. Gestalten Sie Ihre eigene Fensterbrett-Wüstenlandschaft.

**Wintergärten** können ganzjährig warm oder im Winter kühler sein und größere Tag-Nacht-Temperaturschwankungen aufweisen. Für Sukkulenten ist das praktischerweise kein Problem.

## Imposante Skulpturen

Die Kandelaber-Wolfsmilch (*Euphorbia canariensis*) bietet sich für Wohnräume an. Diese Pflanzen wirken wie bizarre Skulpturen und ähneln dem Saguaro (*Carnegiea gigantea*), der Wappenpflanze Arizonas, in handlichem Maßstab. Die Kandelaber-Wolfsmilch kommt auch an Standorten zurecht, die sehr hell sind, aber kaum noch direkte Sonne haben. Trotzdem sollte die Pflanze besser nicht weiter als einen Meter vom Fenster entfernt stehen. Dies gilt auch für die Madagaskarpalme (*Pachypodium lamerei*), die nicht selten zu beachtlicher Größe heranwächst.

## Büro, Foyer & Treppenhaus

Ein charakteristisches Element kann auch der *Pachycereus pringlei* sein, der mit seiner bläulich grauen, streng gegliederten Oberfläche eine wirklich edle Bereicherung in Wohnung oder Büro darstellt. Wer richtig viel Platz hat, kann eine Pflanze dieser Art verzweigt und mehrere Meter hoch aufstellen. Der *Pachycereus* verträgt sowohl gleichmäßig warme als auch kühle Temperaturen, sodass im Eingangsbereich, Foyer oder Treppenhaus größerer Gebäude ein sehr exotischer Eindruck entsteht, der bei richtiger Pflege nachhaltig bestehen bleibt.

Das Gleiche gilt auch für seine kugeligen Kollegen, den Kurzdornigen Schwiegermutterstuhl (*Echinocactus grusonii*) oder den Rotdornigen Tonnenkaktus *(Ferocactus pilosus)*, die sich alle gut kombinieren lassen.

Allen Sukkulenten ist gemeinsam, dass Sie sie im Urlaub nicht gießen müssen, sie kein Laub abwerfen und auch ansonsten sehr pflegeleicht sind. Welche Arten für Ihre Innenräume infrage kommen, sollten Sie aber auch von deren Temperaturansprüchen im Winter abhängig machen. ■

**Kaktusfeigen** sind beliebte und aromatische Früchte der *Opuntia ficus-indica* und werden gegenwärtig auch in Südeuropa angebaut.

# *Wüstenbewohner*
## MIT MEHRWERT

**WER KENNT SIE NICHT,** die Heil-Aloe (*Aloe vera*), aber wussten Sie, dass die Baum-Aloe (*Aloe arborescens*) um ein Vielfaches höher konzentrierte Inhaltsstoffe produziert. *Aloe vera* wird derzeit meist für die äußerliche Anwendung empfohlen. Vor allem bei Entzündungen und Krankheiten der Haut hat man sehr gute Erfahrungen gemacht. Versuchen Sie es einmal. Bei alltäglichen Verbrennungen, Insektenstichen oder Sonnen-brand kann man einfach ein Stück von einem älteren Blatt abbrechen und den Saft auf die betroffene Hautpartie auftragen.

## *Mexikanisches Gemüse*

Weniger bekannt ist, dass durch den Verzehr von „Nopalitos", den frischen Sprossen einiger Opuntien, eine regulierende Wirkung auf Blutdruck und Blutzucker ausgeübt wird. So sind Bluthochdruck und Diabetes gänzlich unbekannte Krankheiten in den Gegenden Mexikos, in denen die Nopalitos den Speiseplan bereichern.

SCHNAPSKOPF & AGAVE Mehr Pflanzenporträts zu Sukkulenten und Kakteen mit einem ungewöhnlichen Mehrwert finden Sie hier oder unter www.m.kosmos.de/14143/tb3

## Der Farbstoff Karmin

Aus der weiblichen Cochenilleschildlaus (*Dactylopius coccus*) wird der rote Farbstoff Karmin hergestellt. Die Läuse werden dazu auf den flachen Sprossen des Feigenkaktus *Opuntia coccinellifera* gezogen und gedeihen dort hervorragend. Zur Herstellung der Farbe sammelt man die Läuse zunächst durch Abkehren ein und trocknet sie dann vor der Weiterverarbeitung. Heute wird anstelle von Karmin meist ein synthetischer Farbstoff verwendet. Cochenille ist als Lebensmittelfarbstoff E120 zugelassen und findet sich in hochwertigen Schminkartikeln, Cocktails, Speiseeis und anderen Produkten wieder.

**Cochenilleschildläuse** werden beispielsweise auf den Kanarischen Inseln im östlichen Zentralatlantik auf Plantagen gezüchtet.

## Tequila-Agave

Bereits die Azteken gewannen aus den abgeschnittenen Blütenschäften der Agaven einen Saft, der eingedickt als Aguamiel bekannt ist. Dieser Agaven-Dicksaft ist wegen seines Fruchtzuckers für Diabetiker geeignet. Aus dem vergorenen Saft entsteht das Agavenbier Pulque, das Nationalgetränk Mexikos. Der Tequila selbst ist eine Erfindung der spanischen Eroberer und wird aus dem vergorenen Saft der blauen *Agave tequilana* gebrannt, die in speziell ausgewiesenen Anbaugebieten wächst. Alle anderen Agavenbrände nennt man Mezcal. In diesen wurde früher zur Qualitätskontrolle – heute als Vermarktungsgag – der Agavenwurm eingelegt, der sich nur bei ausreichendem Alkoholgehalt nicht zersetzt. ■

**Die Tequila-Agave** In ihrem Herz, auch Piña genannt, sammelt sich der Rohstoff, aus dem später der Tequila gewonnen wird.

# *Für den Garten*
## WINTERHARTE PFLANZEN

**EXOTISCHES WÜSTENFLAIR IM GARTEN,** auf der Terrasse und dem Balkon gelingt mit winterharten Kakteen und anderen Sukkulenten im Handumdrehen. Am besten eignen sich dafür die Bereiche im Garten, die für andere Pflanzen zu trocken sind, zum Beispiel unter Dachvorsprüngen oder im Regenschatten von Mauern oder Balkonen. Besonders attraktiv sehen aber auch Trockensteinmauern mit Kakteen und *Sempervivum* bepflanzt aus. Selbst in Balkonkästen können diese Pflanzen für viele Jahre pflegeleichten Steppenzauber schaffen. Frostfeste Kübel eignen sich ebenfalls gut, um Wüstenelemente auf der Terrasse zu integrieren. Das Beste an den „Winterharten" ist, dass das lästige Hereinräumen vor den ersten Frösten entfällt. Sie sind außergewöhnlich genügsam, pflegeleicht und nehmen selbst mehrwöchige Urlaubsreisen ohne die geringste Pflege nicht übel.

## *Eine große Auswahl*

Inzwischen gibt es durch intensive Züchtungsarbeit eine Vielzahl an winterharten Opuntien. Fragen Sie in Ihrer Gärtnerei speziell nach den winterharten Arten. Diese Gliederkakteen be-

**Trockensteinmauern** eignen sich hervorragend für eine Bepflanzung mit winterharten Kakteen und anderen Sukkulenten.

**Frostfeste Keramik** Balkonkästen oder auch Kunststoffgefäße lassen sich ebenfalls individuell mit Winterharten bepflanzen.

**Eis und Schnee** macht Winterharten im Garten bei unseren mitteleuropäischen Winterbedingungen meist wenig aus. Dieses Pflanzbeet wurde zusätzlich mit größeren Steinen gestaltet, um verschiedenen Pflanzebenen besser heraus arbeiten zu können.

stechen durch Wüchsigkeit und Blütenreichtum. Ein wenig Vorsicht ist jedoch geboten, da ihre Dornen mit Widerhaken versehen sind. In manchem Vorgarten hat diese Tatsache aber auch schon unliebsame Gäste abgehalten. Es gibt klein bleibende, mittelgroße und sogar bis über 1,5 m hoch werdende Vertreter, die in vielen verschiedenen Farben blühen.

Einige Kugelkakteen wie *Echinocereus triglochidiatus*, *E. coccineus* und alle ihre Varietäten sind ebenfalls voll winterhart und halten auch bei uns die stärksten Winterregen ohne Probleme aus. Ein großes Sortiment an *Delosperma*- und Mauerpfeffer-Arten (*Sedum*), deren farbenfrohe Züchtungen und nicht zuletzt immer mehr winterharte *Yucca*-Arten bereichern die Gestaltungsmöglichkeiten.

## Wandelbare Rosetten

Aus der Familie der Dickblattgewächse stammt die *Orostachys spinosa*, eine Sternwurz-Art aus der Mongolei und dem Himalaja, die der Dachwurz ähnelt (siehe auch S. 72). Im Frühjahr bildet die Pflanze längliche Blätter, die später von kurzen, schuppenförmigen, dicht anliegenden Blättern abgelöst werden. Konkret bedeutet dies: Von Juni bis August hat man außen die langen, innen die kurzen Blättchen, was der Pflanze ein sonnenartiges Aussehen verleiht. Zur Vorbereitung auf die winterliche Ruhezeit reduziert die Pflanz die langen Blätter wieder, sodass nur eine kugelförmige Rosette eng anliegender kurzer Blättchen überdauert. Es gibt sie sowohl als grünliche wie auch als bläuliche Varianten.

# Botanische Gärten
## UND SAMMLUNGEN

**SEIT DEM 16. JAHRHUNDERT,** vermutlich bereits durch Christoph Kolumbus, wurden Kakteen nach Europa gebracht. Unter Wissenschaftlern und interessierten Adligen waren diese exotischen Pflanzen begehrt und mit dem Aufkommen technischer Möglichkeiten zur Beheizung konnten die ersten Sammlungen auch über längere Zeit bestehen.

Hier nun einige öffentliche Gärten, in denen Sie die erstaunliche Vielfalt sukkulenter Pflanzen bestaunen können.

**Die Wilhelma** Im Maurischen Landhaus zeigt die Wilhelma sehr informativ eine Kakteenlandschaft, die der Sonora-Wüste nachempfunden ist.

## Wilhelma

Die Wilhelma ist ein Zoologisch-Botanischer Garten in Stuttgart. Sie vereint einen großen Botanischen Garten und einen modernen Tierpark inmitten eines ehemaligen Königsgartens. Wegen ihrer historischen Gebäude im maurischen Stil wird die Wilhelma auch die „Alhambra am Neckar" genannt. Auf rund 27 Hektar Land tauchen die Besucher ein in eine vielfältige Tier- und Pflanzenwelt: Wertvolle botanische Sammlungen mit Pflanzen in rund 7 000 Arten und Sorten, von denen immerhin circa 1 350 Kakteen und andere Sukkulenten sind.

**ADRESSE**
Wilhelma 13
70376 Stuttgart
www.wilhelma.de

## Sukkulenten-Sammlung Zürich

Die Sukkulenten-Sammlung Zürich beherbergt seit 1931 eine der größten und bedeutendsten Spezialsammlungen sukkulenter Pflanzen: über 6 500 verschiedene Arten aus rund 80 verschiedenen Pflanzenfamilien. In sieben Gewächshäusern sowie Frühbeetkästen und einem Steingarten wird diese Vielfalt erlebbar. Als lebendes Museum und Kompetenzzentrum für alle Aspekte der sukkulenten Pflanzen führt die Sukkulenten-Sammlung ihre Bestände nach wissenschaftlichen Grundlagen und legt großen Wert auf eine Informationsvermittlung, die alle Sinne anspricht. Geführte Rundgänge, verschiedene Informationselemente, Hörstationen und ein Erlebnisrundgang für Kinder laden zum Verweilen und Sinnieren ein.

**ADRESSE**
Mythenquai 88
CH-8002 Zürich, Schweiz
www.stadt-zuerich.ch/sukkulenten

## *Herrenhäuser Gärten*

Die Herrenhäuser Gärten in Hannover sind ein einzigartiges historisches Gartenensemble auf 130 Hektar, bestehend aus einem der bedeutendsten europäischen Barockgärten, einem Landschaftsgarten und dem Berggarten, einem artenreichen Botanischen Garten. Der Berggarten beherbergt eine umfangreiche Kakteen- und Sukkulentensammlung, die dem Besucher in drei Schauhäusern sowie dem Kanarenhaus präsentiert wird. Im Freiland wachsen Sukkulenten im Wüstengarten, im Sommerhalbjahr ist die Sukkulentenpflanzung im Schmuckhof sehenswert. Zahlreiche *Epiphyllum-*, *Schlumbergera-* und *Hatiora-*Sorten werden jeweils zur Blütezeit gezeigt.

**ADRESSE**
Herrenhäuser Straße 4
30419 Hannover
www.herrenhaeuser-gaerten.de

**Die Herrenhäuser Gärten** bieten neben dem großen Kakteenhaus auch zwei kleinere, nach Kontinenten aufgeteilte Sukkulentenschauhäuser. Informationstafeln laden zum Schmökern ein.

**Die Sukkulenten-Sammlung** in Zürich ist mit ihrem Großpflanzenhaus ein Muss für alle Sukkulentenfans.

**EXOTISCHES ZUM ANSCHAUEN** Es gibt eine Vielzahl von Botanischen Gärten mit exotischen Sammlungen. Infos & Adressen hier oder unter www.m.kosmos.de/14143/tb4

# FASZINIERENDE STRUKTUR
# *Form & Farbe*

**KANDELABERKAKTEEN IN AMERIKA:** Zehn Meter hoch mit einem Stammdurchmesser von weit über einem Meter und viele Tonnen schwer können diese Pflanzen werden.

Dass diese Kolosse nicht unter dem eigenen Gewicht zusammenbrechen oder bei Sturm abknicken, verdanken sie einer ungewöhnlichen Struktur ihres Holzes, die im Inneren des wässrigen Körpers verborgen ist. Statisch hochraffiniert, schaffen sie so mit geringstmöglichem Materialaufwand eine enorme Standfestigkeit.

## *Gewundene Kuriositäten*

Sehr selten bilden diese Gesellen anstatt der üblichen Spitze mit einem Vegetationspunkt aus dem der gesamte Stamm herausgebildet wird, einen Kamm, eine sogenannte Cristata oder Verbänderung. Der Vegetationspunkt verbreitert sich dabei zu einer Linie, wodurch Formen entstehen, die an Gehirnwindungen erinnern. Auch bei anderen Arten kommt dies zuweilen vor und Liebhaber der sukkulenten Raritäten sammeln seit jeher gerne solche Kuriositäten. Findige Gärtner bemühen sich um die Vermehrung und da es sich dabei um Sprossmutationen handelt, geht das nicht über Samen, sondern muss langwierig über das Abtrennen von Spross-

**Das Holz** des abgestorbenen Saguaro links, zeigt die ungewöhnliche Struktur der Fasern. Diese gewährleistet seine Stabilität.

teilen erfolgen, die bewurzeln müssen. Oft ein jahrelanges Unterfangen. Dabei entstehen ganz wundervolle Formen wie die des Heidelbeerkaktus (*Myrtillocactus geometrizans cristata*), der zusätzlich mit seiner blauen Farberscheinung besticht.

Die blaue Farbe entsteht übrigens nicht durch eine entsprechende Farbeinlagerung in der Oberfläche, sondern durch die Wachsschicht, die die Pflanze als Verdunstungsschutz bildet. Die Struktur dieser Wachsschicht reflektiert das Licht so, dass die Pflanze blau erscheint. Ein Phänomen, das bei Kakteen öfter zu beobachten ist.

## Von Felsen und Farbigkeiten

So wie die Cristatabildung eine Mutation des Sprosses ist, so gibt es noch andere Sprossmutationen in der Sukkulentenwelt: Der Felsenkaktus (*Cereus peruvianus monstruosus*) beispielsweise entwickelt, wie der Volksname trefflich beschreibt, felsenähnliche Sprosse durch eine unregelmäßige, ja aufgelöste Rippenbildung. Eine ebenfalls sehr begehrte Erscheinung ist ein *Cereus*, dessen Rippen spiralig gedreht sind. Dabei tauchen für diese Form die Namen der sehr ähnlichen Arten *Cereus forbesii* cv. *spiralis* als auch *Cereus peruvianus* cv. *tortuosus* auf.

Farbige Mutanten kommen ebenfalls sehr selten in der Natur vor, haben dort allerdings meist die schlechteren Überlebenschancen. Die Farbigkeit rührt daher, dass in verschiedenen Bereichen der Pflanze weniger oder gar kein Chlorophyll eingelagert wird. Dadurch sinkt insgesamt die Assimilationsleistung, die Pflanzen wachsen langsamer und werden von anderen verdrängt.

Im Blumentopf passiert das natürlich nicht. Im Gegenteil: Wegen ihrer Farbigkeit zieht man die panaschierten oder variegaten Formen häufig der normalen grünen Pflanze vor. Bekannt sind die panaschierten Kultivare verschiedener Wachsblumen (*Hoya*) oder *Agave americana*, die mit gelbem Außenstreifen 'Marginata' genannt wird, mit weißem Innenstreif dagegen 'Albo-Pectinata' sowie die farbigen Pfropfungen von *Gymnocalycium mihanovichii* (siehe Seite 57). ■

**Säulenkakteen** mit spiraligen Drehungen sind extrem seltene Mutationen. Aus ihren Samen entstehen sowohl gedrehte als auch normale Formen.

**Ungewöhnlich** Kammformen, auch Cristaten genannt, sind so bizarr wie attraktiv, lassen sich aber nur langwierig über Stecklinge vermehren.

**Farbige Mutationen** sind beeindruckend, wecken unser besonderes Interesse und werden daher gerne von Gärtnereien vermehrt.

# pflanzen & pflegen
# PRAXIS

# SUKKULENTEN 1x1

**S. 24**

## *Kaufkriterien*

Wir erwarten beim Einkauf zu Recht gute Qualität, ein interessantes Angebot, tollen Service und das Knowhow, mit dem man die mehr oder weniger dornigen Freunde erfolgreich pflegen kann. Hilfreiche Einkaufstipps finden Sie hier.

**S. 28**

## *Temperaturwünsche drinnen und draußen*

So verschieden diese lichthungrigen Pflanzen sind, die Pflege kann ganz einfach sein, wenn man ihre Temperaturwünsche respektiert. Ganzjährig warm, im Winter kühl und trocken oder sogar unter Freilandbedingungen gedeihen Kakteen und anderen Sukkulenten praktisch überall.

**S. 34**

*Frühling* IST DIE BESTE ZEIT ZUR AUSSAAT UND DIE SÄMLINGE HABEN EINEN OPTIMALEN START.

S. 36

## Material & Form

Ton oder Plastik, Topf oder Schale, welches ist das beste Gefäß für welche Arten? Kakteen und andere Sukkulenten wollen nicht ständig Feuchtigkeit an den Wurzeln. Guter Wasserabzug oder die richtigen Bewässerungssysteme schaffen die Voraussetzung für gesunde Wurzeln und eine gesunde Entwicklung.

S. 44

## Zu den Standortbedingungen

Unsere sukkulenten Pfleglinge zählen zu den robustesten, pflegeleichtesten und tolerantesten aller Pflanzen. Ihre naturgemäße Haltung berücksichtigt die natürlichen Standortbedingungen, dazu zählen genügend Licht, die passende Temperatur sowie die richtigen Nährstoffe. Was es zu beachten gilt und wie Sie Pflegeirrtümer beheben können, erfahren Sie hier.

S. 38

## Substratansprüche

Frische Erde, ein Jungbrunnen für Kaktus & Co.! Wichtig sind allerdings die Qualität und Zusammensetzung, denn nicht jede „Kakteenerde" ist für jeden Kaktus das Richtige. Ein gutes Substrat für Kakteen und andere Sukkulenten soll Halt geben, gut zu durchwurzeln sein und eine stabile Struktur haben.

# Qualitätsmerkmale
## UND IHRE UNTERSCHIEDE

**HEUTE BIETEN VIELE GARTENCENTER,** Blumengeschäfte und Baumärkte Sukkulenten und Kakteen an, aber auch im Versandhandel sind sie verfügbar und einfach über das Internet zu beziehen. Eine weitere hervorragende Möglichkeit zum Erwerb sind Verkaufs- und Tauschbörsen, die mehrmals im Jahr von örtlichen Kakteenvereinen veranstaltet werden (siehe auch Nützliche Adressen S. 76). Oft gibt es dort ebenfalls interessante Vorträge und Fachinformationen. Die wenigen hoch spezialisierten Kakteen-Gärtnereien bieten aber wahrscheinlich mit Abstand die meisten Arten und die beste Erfahrung und Information an.

**Spezialbetriebe** haben die meiste Erfahrung. Kompetente Beratung findet man aber oft auch im Fachhandel.

## Raubbau verhindern

Leider gibt es immer noch genügend skrupellose Händler, die Wildpflanzen am Heimatstandort ausgraben und verkaufen. Nicht selten sterben diese ab, ehe sie hier in den Handel kommen, und jede einzelne Pflanze fehlt der Population zur weiteren Regeneration. Es ist heute möglich, fast alle Arten gärtnerisch nachzuziehen. Das ist zugegebenermaßen mühsamer, dauert länger, erfordert mehr Einsatz und Fachkenntnisse, was sich wiederum in einem gerechten Preis niederschlagen muss. Woran erkennen Sie, ob Pflanzen gärtnerisch vermehrt wurden oder aus der Natur

stammen? Gewöhnlich werden gärtnerisch vermehrte Arten in größeren Stückzahlen angeboten, die eine gewisse Einheitlichkeit aufweisen. Einige Gärtnereien, die bedrohte Arten produzieren, haben eine entsprechende Zertifizierung und Registriernummer der Naturschutzbehörden. Pflanzen dieser Betriebe sind in jedem Fall unbedenklich zu erwerben. Bei Pflanzen, die uneinheitlich aussehen, deutlich von der Sonne gegerbt sind, eine ungewöhnliche Größe aufweisen und bei denen der Preis in keinem Verhältnis zum Alter steht, sollte man beherzt nachfragen. Im Zweifelsfall geben auch die Naturschutzbehörden Auskunft.

# Einkaufstipps

Die folgenden Qualitätskriterien können bei der Beurteilung helfen:

**SCHÄDLINGSFREI** Das Nichtvorhandensein von offensichtlichen Schädlingen sollte ebenso selbstverständlich sein wie ein allgemeines gesundes Erscheinungsbild.

**KOMPAKT & KRÄFTIG** Die Sukkulente sollte kompakt gewachsen sein und eine dichte, kräftige und satt gefärbte Bedornung haben. Bei Blattsukkulenten sollten die Abstände zwischen den Blättern nicht besonders groß sein, die Pflanzen kräftig wirken. Aufgedunsene, weiche Pflanzenkörper und zu lockere Bedornung oder große Blattabstände deuten auf ein schattiges Wachstum hin.

**GUTER WACHSTUMSVERLAUF** Eine holzige oder verkorkte Stammbasis ist eine Alterserscheinung, die kein Qualitätsmangel, sondern eher ein Zeichen angemessenen Wachstums ist.

**PASSENDES GEFÄSS** Topf oder Schale sollten von ausreichender Größe sein und in einem harmonischen Verhältnis zur Pflanze stehen. Eine ausreichende Standfestigkeit ist ebenfalls essenziell.

**SPEZIALSUBSTRAT IST WICHTIG** Das Substrat sollte einen großen Anteil an unterschiedlichen mineralischen Bestandteilen haben.

**PREIS-LEISTUNGS-VERHÄLTNIS** Bei ungewöhnlich großen Kakteen zu einem kleinen Preis, der in keinem Verhältnis zu ihrem Alter steht, sollte man vorsichtig sein. Hierbei kann es sich um minderwertige Qualität handeln, die verramscht wird, oder um Wildpflanzen, die nicht verkauft werden dürfen.

**FACHKOMPETENZ** Lassen Sie sich beim Kauf gut beraten. Entspricht die Beratung nicht Ihren Wünschen, kaufen Sie lieber woanders. Standort und Pflege sind wichtige Themen, die vor dem Kauf abgeklärt sein sollten, damit Sie lange Freude an Ihren Pflanzen haben. ■

**Discounter und Baumärkte** sind bei der fachkundigen Pflege spezialisierter Artikel wie Kakteen und anderen Sukkulenten manchmal überfordert, darunter kann die Qualität leiden.

**Aufgesteckte Strohblumen** täuschen zu jeder Jahreszeit echte Blüten vor. Die Pflanzen werden beim Einstecken allerdings empfindlich verletzt, was nicht selten zu Infektionen führt.

# RICHTIGE PFLEGE FÜR
## *Haus & Wintergarten*

**AUF DEM FENSTERBRETT** im Wohnzimmer oder Büro, an der Glasfront eines Geschäftsgebäudes oder im Wintergarten: Überall, wo ausreichende Lichtbedingungen gegeben sind, können Sie Sukkulenten und auch Kakteenarten dauerhaft pflegen. Einige Arten wie die Wüstenrose *Adenium obesum* müssen es dabei ganzjährig warm haben, andere können fakultativ warm oder kühl überwintern.

Für den Halbschatten eignen sich alle Arten der Binsenrutenkakteen (*Rhipsalis*) und verwandte Arten. Sie wachsen epiphytisch auf Bäumen und benötigen daher helle aber nicht vollsonnige Standorte. Viele grüne *Haworthien* wachsen in ihrer südafrikanischen Heimat, ebenso wie *Aeonium tabuliforme* auf den Kanarischen Inseln, an den sonnenabgewandten Seiten von Felsen ohne direkte Sonne. Weitere Empfehlungen für Arten, die für die ganzjährige Kultur in Innenräumen geeignet sind, finden Sie im Porträtteil ab S. 58.

## *Heizquellen beachten*

Jede Wärmequelle muss Berücksichtigung finden. Gibt sie zu hohe Temperaturen ab, kann das zu heftigen äußeren Verbrennungen führen. Halten Sie daher immer Abstand zu Wärmequellen.

**Kalanchoe** sind durch ihre gute Temperaturtoleranz nicht nur sehr hübsche, sondern auch pflegeleichte Pflanzen.

**Binsenrutenkakteen** (*Rhipsalis*) sind zum Beispiel als Ampelpflanzen für den halbschattigen Standort hervorragend geeignet.

*Conophytum* stammen aus Südafrika und werden bei Zimmertemperatur im Winter alle zwei Wochen mäßig gegossen.

*Haworthia* wachsen auch im Winter und mögen als Ausnahme von der Regel keine direkte, pralle Sonne.

Heizkörper erwärmen darüber befindliche Pflanzen auf Steinfensterbrettern ebenso, wie die Fußbodenheizung Töpfe aufheizt, die direkt auf dem Boden stehen. Das Substrat kann dadurch stark austrocknen. Eine einfache Isolation durch Korkuntersetzer, Styropor oder durch Holzklötzchen reicht aus, um dies zu vermeiden. Bei größeren Pflanzen sind Untersetzer oder Gefäße mit Rollen oder Gleitfüßen besonders praktisch. Sie vereinfachen ein Verrücken und verhindern den Kontakt mit der erwärmten Fläche.

## Wässern im Winter

Bei der Überwinterung bei Zimmertemperatur ist Wässern ein Muss. Als Faustregel gilt hierbei die Hälfte der Sommerbewässerung. Kakteen sollten in dieser Phase kein Wachstum zeigen, gegebenenfalls die Wassergaben von der Faustregel abweichend noch weiter einschränken. Beginnen Kakteen im Winter zu wachsen, wird der Zuwachs unansehnlich dünn. Der Grund liegt in der unzureichenden Lichtmenge. Verzichten Sie im Winter ganz auf die Düngung. Euphorbien sind zu unterscheiden in christus-

ähnliche Arten, die auch im Winter wachsen, daher genügend Wasser und Nährstoffe erhalten sollten, und kakteenähnliche Arten, deren Ruhephase bei kühleren Temperaturen eingehalten werden sollte.

*Adenium, Pachypodium, Aloe, Conophytum, Gasteria, Haworthia* und *Kalanchoe* werden bei Zimmertemperatur auch im Winter mäßig gegossen und gedüngt.

Bei kühler Überwinterung wie im mäßig beheizten Wintergarten, auf einer Veranda oder im Foyer eines Geschäftshauses, kann auf das Gießen meist vollständig verzichtet werden. Ausschlaggebend hierfür ist eine Überwinterungstemperatur von maximal 5–15 °C.  ■

### CHECKLISTE WASSERMENGEN
- Kleine Töpfe bis 10 cm Durchmesser alle 2–4 Wochen 25–100 ml.
- Mittlere Töpfe mit 12–18 cm Durchmesser alle 3–4 Wochen 100–200 ml.
- Große Gefäße alle 4–8 Wochen mit maximal 10 % ihres Volumens.
- Diese Anhaltspunkte sind je nach Temperatur und Sonneneinstrahlung zu modifizieren.

# PFLEGE FÜR
# *Drinnen & draußen*

**BALKON, TERRASSE ODER GARTEN** können Standorte von Sukkulenten und Kakteen im Frühjahr und Sommer bis in den Herbst hinein sein. Für einige Arten ganz wichtig ist anschließend eine kühle und trockene Überwinterung. In dieser Winterruhe bilden insbesondere die Warzenkakteen (*Mammillaria*) sowie die Zwergkakteen (*Rebutia*) ihre Blütenanlagen aus.

## Winterruhe erwünscht

Die notwendige Winterruhe erfolgt über 3 bis 4 Monate bei Temperaturen unter 15 °C, aber über 5 °C. Während dieser Zeit wird nicht gegossen, was die Lebensprozesse der Pflanze reduziert und hilft, die Blütenanlagen zu entwickeln. Nötig dafür ist allerdings eine ausreichende Nährstoffversorgung in der davor liegenden Saison. Bringen Sie die Pflanzen nie frisch gegossen an kühlere Standorte, sondern achten Sie erst auf ein gutes Abtrocknen des Wurzelballens. Der Anspruch an die Lichtverhältnisse ist in der Ruhephase nicht so groß wie während des Wachstums und je kühler es ist, desto größer ist diese Toleranz. So reicht bei 8 °C ein mäßig helles Kellerfenster aus.

Folgende Arten verweigern wohl nicht die Blütenbildung, ihre gesunde Entwicklung ist aber

**Sommerfrische** genießen viele Kakteen und Sukkulenten sehr gerne auf dem Balkon, der Terrasse oder im Garten. Sie benötigen nur wenige Tage, um sich an das volle Licht zu gewöhnen.

doch auch abhängig von einer kühlen Winterruhe: Viele Arten der Feigenkakteen (*Opuntia*,
inkl. *Corynopuntia, Cylindropuntia* und *Tephro-
cactus*), viele *Echinopsis*, insbesondere *Lobiva*,
*Delosperma, Echeveria, Pachyphytum* und *Sedum*.
Überwintern die oben genannten Sukkulenten
warm, werden die Pflanzen weich und anfällig
für Krankheiten und Schädlinge oder sie blühen
schlecht. Ein sehr großer Teil aller anderen Kakteen und Sukkulenten können fakultativ mit
oder ohne kühle Winterruhe überwintern.

## Gute Winterstandorte

Folgende Winterstandorte eignen sich:
- Alle sonnigen Fenster in Räumen, die im
  Winter nur wenig beheizt sind.
- Kühle Schlafzimmer.
- Der Wintergarten, der nur auf 5–15 °C er-
  wärmt wird.
- Die Veranda bei geeigneter Temperaturfüh-
  rung.
- In Altbauwohnungen findet man noch Außen-
  und Innenfenster vor. Der Zwischenraum
  bietet sich für unempfindliche Arten zur Überwinterung bestens an.
- Nicht zuletzt stellen Foyers und Treppenhäu-
  ser, die heute oft mit weitläufigen Glasfronten
  versehen sind, bei geeigneter Temperaturfüh-
  rung ideale Standorte dar.
- Das entsprechend temperierte Gewächshaus
  ist natürlich das Optimum zur Überwinte-
  rungszeit.

**FRISCHLUFTLIEBHABER** Diese acht Pflanzen-
arten können Sie im Sommer bedenkenlos
nach draußen stellen. Sie finden sie auch unter
www.m.kosmos.de/14143/tb5

***Delosperma*-Arten** sind in Afrika beheimatet, brauchen jedoch
im Winter kühle Temperaturen um gesund zu überdauern.

***Euphorbia ingens*** kann im Winter an einem sonnigen Platz im
beheizten Zimmer überwintert werden.

## Vorsicht, Sonnenbrand!

Der Umzug vom weniger hellen Winterstandort
zum Sommerstand in der vollen Sonne birgt immer die Gefahr von Sonnenbrand. Der Grund
liegt an der UV-Filterwirkung von Glasscheiben.
Im Freien sind die Pflanzen der vollen UV-Strah-
lung ausgesetzt, was Schäden durch Verbrennungen verursacht, bis sie sich endlich nach drei bis
vier Tagen umgewöhnt haben. Räumen Sie von
drinnen nach draußen, sollten Sie unbedingt die
ersten Tage schattieren oder wenigstens den be-
deckten Himmel ein paar Tage nutzen. ■

# EIN GANZJÄHRIGER STANDORT *Im Freien*

**SCHNEEBEDECKTE KAKTEEN** und andere Sukkulenten im Winter, das erstaunt nicht wenige Betrachter. Dabei gehören sie zu den pflegeleichtesten Pflanzen. An ihren Heimatstandorten herrschen extreme Temperaturunterschiede, Hitze, Trockenheit, Frost und Schnee wechseln sich ab. Sie wachsen in den Gebirgsregionen Nord- und Südamerikas sowie Südafrikas, in den europäischen Alpen, im Himalaya und der Mongolei. Allen Standorten gemeinsam ist eine intensive Sonneneinstrahlung am Tag und eine relativ geringe Luft- und Bodenfeuchtigkeit. Daher führt auch in den meisten Fällen nicht Frost zu Ausfällen, sondern die winterbedingte Nässe verbunden mit langanhaltender Bewölkung.

## Ein optimaler Standort

Die besten Voraussetzungen für die Winterharten sind viel Licht und wenigstens ein paar Stunden direkte Sonne pro Tag. Der Boden darf nicht zu Staunässe neigen. Ideal sind die Bereiche im Garten, die für andere Pflanzen zu trocken sind: das Beet unter dem Dachüberstand, die Trockensteinmauer, der Steingarten, der unbeheizte Wintergarten, aber auch Tröge, Schalen und Balkonkästen, die aus frostfestem Material sein müssen.

**Mobiler Regenschutz** Bei nässeempfindlichen Pflanzen schützt ein einfacher Regenschutz, vier kurze Holzpflöcke auf denen eine Plastiktüte mit Reiszwecken befestigt wird.

**Winterharte Feigenkakteen** können im Sommer bei ausreichender Nährstoffgabe viele Blüten entwickeln.

**Die Seitentriebe** vieler Opuntien neigen sich während der Winterruhe, da die Pflanzen den Zelldruck verringern.

## Das ideale Pflanzbeet

Einen guten Wasserabzug erreicht man durch eine Drainageschicht aus grobem Schotter oder Kies, der mit einem Drainvlies abgedeckt wird, um das Einwandern von Feinerde zu vermeiden. Das Pflanzloch selbst sollte 15–25 cm Tiefe aufweisen und je nach Schwere des Bodens mit ⅓ bis ⅔ Kakteenerde verbessert werden.
Es hat sich bewährt, das Substrat mit einem wasserdurchlässigen Plastikgewebe oder Geovlies vor dem Pflanzen abzudecken. Gepflanzt wird, indem das Gewebe im Bereich des Pflanzlochs eingeschnitten wird. Der Wurzelballen darf 2–3 cm herausschauen. Nun deckt man das Gewebe 3–5 cm mit grobem mineralischen Material ab. Diese Schicht dient der raschen Erwärmung des Bodens, besonders aber, um Unkraut abzuhalten.

## Für den Frostschutz

Bei sinkenden Temperaturen reduziert sich der Wassergehalt in den Zellen, wodurch die Zellsaftkonzentration der Assimilate und Mineralstoffe steigt. Das hat zwei Effekte: Die höhere Zellsaftkonzentration verbessert den Frostschutz und gefrieren die Zellen trotzdem, platzen sie nicht, da sie nicht prall mit Wasser gefüllt sind. Als Beispiel: Das winterliche Schrumpfen und Schlappen vieler Opuntiensprosse. Wenn im Frühjahr die Temperaturen steigen, füllen sie sich wieder, werden prall und richten sich auf. Deshalb ist eine gute Nährstoffversorgung für die Winterhärte besonders wichtig. Unterernährte Pflanzen lagern nur wenige Reservestoffe in die Zellen ein, was ihre Frostverträglichkeit durch den oben beschriebenen Effekt unmittelbar vermindert. Düngen Sie zwei bis dreimal im Jahr 20–40 g eines mineralischen Volldüngers je Quadratmeter. Feste Dünger sollten Sie zwischen April und Juni auf das Substrat streuen und etwas einarbeiten. Achten Sie darauf, dass die Körnchen nicht auf den Pflanzen liegen bleiben. Für Balkonkästen, Kübel und Tröge verwenden Sie Flüssigdünger: 10 ml auf 10 Liter Wasser monatlich von April bis Juli. ■

**KLEINE PFLEGETIPPS** Es gibt immer etwas zu tun am Gartenstandort! Kleine Anregungen und Ratschläge finden Sie hier oder unter www.m.kosmos.de/14143/tb6

**Wichtige Düngergaben**  In der Natur stehen Kakteen und anderen Sukkulenten erstaunlich viele Nährstoffe zur Verfügung, daher gehören zur naturgemäßen Pflege während der Wachstumszeit auch Düngergaben nach Gebrauchsanweisung.

## WANN, WIE, WAS
# Gießen & düngen

**SUKKULENTEN STEHEN IN DEM RUF,** sehr genügsam zu sein, und tatsächlich, sie können mit ihren Reserven sehr gut haushalten und unter ungünstigen Verhältnissen lange überleben. Ihr Optimum an Zuwachs, Blütenbildung, Schönheit und Gesundheit liegt aber natürlich bei besseren Bedingungen.

Während der Wachstumszeit von März bis September wird durchdringend gewässert. Nach dem Abtrocknen der Erde folgt eine Gießpause von 5–7 Sonnentagen, das heißt, bewölkte Tage zählen nicht. Erst dann wird erneut gegossen. Bei Sukkulenten mit Laubblättern, *Hoya*, Binsenrutenkakteen wie *Rhipsalis* und *Lepismium* und Weihnachts- und Osterkakteen kann es nötig sein, auch einmal zwischendurch zu gießen. Von Oktober bis Ende Februar sollten Sie Kakteen und andere Sukkulenten nur gießen, wenn diese

**1 X 1 DER DÜNGUNG** Mineraldünger entsprechen den Nährstoffbedingungen von Sukkulenten am besten. Warum erfahren Sie hier oder unter www.m.kosmos.de/14143/tb7

bei Zimmertemperatur stehen, bei kühler Winterruhe wird nicht gegossen. Von diesem Gießrhythmus weichen nur sehr wenige Arten ab. Besonders zu erwähnen sind Lebende Steine *(Lithops)*, sie werden von Januar bis Ende April nicht gegossen.

## Temperatur und Menge

In der Regel aber beginnt man im Frühjahr, wenn tagsüber wenigstens 18°C gegeben sind, vorsichtig mit klarem Wasser überzubrausen. Die nächsten Male wird schon etwas kräftiger gegossen, es bilden sich neue Wurzeln, die den nun wiederum beim nächsten Gießen verabreichten Sukkulentendünger aufnehmen können. Auch bei Pflanzen, die vom kühlen Winterquartier ins Freie kommen, beginnt man selbstverständlich erst dann zu gießen, wenn die Temperaturen im Freien dies zulassen.

Untersetzer, Schalen oder Übertöpfe können überschüssiges Wasser aufnehmen oder zum Bewässern von unten dienen. Was nicht vom Substrat und den Pflanzen aufgesaugt wird, sollten Sie unbedingt ausschütten. Stehende Nässe vertragen Sukkulenten nicht und reagieren mit Wurzelfäulnis. Grundsätzlich kann von oben in den Topf oder von unten in den Untersetzer gegossen werden. Hydrokultur ist möglich, wenn nur bis zur Minimummarkierung des Wasserstandsanzeigers gegossen wird und Sie nach der Absenkung des Wasserstandes die oben beschriebene Gießpause einhalten.

## Wasserqualität beachten

Regenwasser ist bestens geeignet. Leitungswasser eignet sich nur bis höchstens 18°dH ohne Aufbereitung. Härteres Wasser muss durch spezielle Dünger und technische oder chemische Maßnahmen aufbereitet werden.

Wasser- und Nährstoffhaushalt sind aufs Engste miteinander verknüpft. Sukkulente Pflanzen haben an ihren Heimatstandorten viel mehr Nährstoffe zur Verfügung, als im Allgemeinen bekannt ist. Die Gründe liegen in der völlig entgegengesetzten Wasserdynamik dieser Gebiete, an bisher weitgehend unbekannten mikrobiellen Aktivitäten, dem Nährstoffeintrag durch Gewitter sowie an der Art der Wurzelbildung.

## Gute Dünger verwenden

Flüssige Kakteendünger oder Nährsalze zum Auflösen in Wasser sind hervorragend geeignet für die stickstoffarme Grundversorgung ab Juli von Kakteen und anderen kakteenartigen hochsukkulenten Pflanzen. Sukkulentendünger oder ersatzweise hochwertiger Blattpflanzendünger sollte für alle blättrigen oder schnell wachsenden Kakteen und Sukkulenten im Frühjahr eine wichtige Ergänzung sein. ■

**Wasserstandsanzeiger** bei einem Geldbaum (*Crassula ovata*).

# Die Aussaat
## KEIMBOX & QUARZKIES

**SÄMLINGE ZU BEOBACHTEN,** ist ein spannendes Erlebnis. Zutaten für die eigene Kakteenzucht sind Aussaatsubstrat, Aussaatgefäße, Samen, Quarzkies (2–3 mm) und ein Aussaat- beziehungsweise Zimmergewächshaus.

Zuerst ein Töpfchen mit Aussaatsubstrat füllen. Auf die eingeebnete Oberfläche die Samen aus einem Tütchen gleichmäßig ausstreuen und gut andrücken, damit sie guten Kontakt zum umliegenden Substrat bekommen und die notwendige Feuchtigkeit besser aufnehmen können. Größere Samen drückt man tiefer ein, damit sie mindestens zu ⅔ vom Substrat umschlossen sind. Ganz

entscheidend ist, dass der Samen nicht austrocknet. Zum Schutz davor, wird der Samen mit einer dünnen Schicht Quarzkies abgedeckt, was gleichzeitig dem Ansiedeln von Moosen und Algen entgegenwirkt. Auch die Wurzelhälse der Keimlinge sind so geschützt, da sie nach dem Wässern schneller wieder abtrocknen.

## Temperatur beachten

Die Box wird mit dem dazugehörigen Deckel geschlossen und hell, aber absonnig aufgestellt. Wichtig ist die richtige Keimtemperatur von

**Wenige Monate** alte Keimlinge vertragen in diesem Stadium bereits längere Trockenphasen und benötigen Nährstoffe.

**Eine Abdeckung** mit Quarzkies hilft den Jungpflanzen dabei während der Entwicklung weder zu trocken noch zu nass zu stehen.

**WEITERKULTUR NACH DER AUSSAAT** Ab
wann Sie die Pflänzchen gießen dürfen und wann
Sie pikieren sollten, erfahren Sie hier oder unter
www.m.kosmos.de/14143/tb8

16–28 °C. Je nach Art, erscheinen in 3 bis 30 Tagen die Keimlinge. Volle Sonne ist auch bei ihnen
zu vermeiden, da sie sehr leicht verbrennen
können. Sobald nach spätestens 6 bis 8 Wochen
die ersten Dornen zu sehen sind, beginnt man
nach Gebrauchsanweisung zu düngen.
Die Aussaat im Februar oder März hat den großen Vorteil, dass die Sämlinge die ganze Saison
bis zum Herbst zur Verfügung haben, um sich zu
entwickeln. Sie sind dann Ende Oktober bereits
so groß, dass sie eine verkürzte Ruhezeit durchmachen können. Je später ausgesät wird, desto
kürzer ist die Vegetationszeit und umso kleiner
und empfindlicher sind die Sämlinge, wenn sie
in den Winter gehen. ∎

## SCHRITT FÜR SCHRITT

**1. Substrat einfüllen**
Man füllt Aussaatgefäße, Viereckplastiktöpfe sind
gut geeignet, mit rein mineralischem Aussaatsubstrat.

**2. Oberfläche glätten**
Eine ebene Oberfläche bleibt gleichmäßig feucht.
Erhabene Stellen trocknen rasch aus und der Keim-
ling stirbt ab.

**3. Samen ausstreuen**
Die Samen werden gleichmäßig ausgestreut und
anschließen mit den Fingern angedrückt.

**4. Anfeuchten und Abdecken**
Nach durchdringendem Anfeuchten wird mit einer
dünnen Schicht Quarzkies abgedeckt und der Plas-
tikdeckel dicht aufgelegt.

# PLASTIK ODER
## TON *Pflanzgefäße*

**OB TON- ODER PLASTIKTOPF,** mit oder ohne Wasserabzug, das hat wesentliche Auswirkungen auf die Pflege. Daher lohnt es, sich die verschiedenen Möglichkeiten anzusehen. Im Plastiktopf ist die Feuchtigkeitsverteilung gleichmäßiger als im Tontopf, da nur oben Wasser verdunstet und unten durch die Abzugslöcher austreten kann. Nährsalze und gegebenenfalls Kalk und andere Mineralien fließen nach dem Gießen nach unten, anschließend beim Verdunsten balanciert das Wasser wieder Richtung Oberfläche. Beim Tontopf reichern sich alle diese Stoffe ungleichmäßig vor allem an der Topfwand an, da diese das Wasser aufnimmt und durch ihre Poren verdunstet. Durch diese zusätzliche Verdunstungsoberfläche müssen Pflanzen in Tontöpfen mehr beziehungsweise öfter gegossen werden als solche in Plastiktöpfen. Bei besonders feuchtigkeitsempfindlichen Arten kann das von Vorteil sein. Die auftretende Verdunstungskälte ist jedoch

**Tontöpfe** verdunsten über die ganze Oberfläche, sind aus Naturmaterial, setzen Patina an, sind schwer und können zerbrechen.

**Kunststofftöpfe** sind leicht, preiswert, verdunsten seitlich kein Wasser und sind weitgehend bruchfest.

nicht immer erwünscht. Große Ton-, Steingut-
oder Keramikgefäße sind sehr schwer und haben
häufig keinen Griffrand, was den Transport er-
schwert. Die meisten Kunststofftöpfe und Schalen
sind dagegen leicht und erfahrungsgemäß mit
einem Griffrand ausgestattet, welcher die Hand-
habung wesentlich vereinfacht.

## Größe bestimmen

Die Größe des Gefäßes sollte sich nach der Größe der einzutopfenden Pflanze richten. Da fast
alle Sukkulenten flach wurzeln, können Schalen
ebenfalls Verwendung finden. Gerade größere
Kugelkakteen, Agaven oder *Aloe* sehen in Schalen oft besser aus als in tiefen Töpfen.
Übertöpfe reduzieren die Verdunstung bei Tontöpfen. Ihre Größe sollte so gewählt sein, dass
der Tontopf noch gut zu greifen ist, damit man
ihn herausnehmen und überschüssiges Wasser
ausschütten kann.
Im Innenraum haben sich geschlossene Gefäße
bewährt, insbesondere für größere Pflanzen.
Da man bei solchen großen Gefäßen nicht mehr
wahrnehmen kann, ob sich Wasser ansammelt,
sollten Gefäße ohne Wasserabzug immer mit
einem Bewässerungssystem ausgestattet werden.

## Systematisch wässern

Sie benötigen einen Wasserstandsanzeiger, wie er
für die Hydrokultur verwendet wird, Blähton,
ein Trennvlies und Pflanzsubstrat. Der Wasser-

**BEWÄSSERUNGSSYSTEM** Wie Sie ein Bewässerungssystem für geschlossene Gefäße
selber basteln können, erfahren Sie hier oder
unter www.m.kosmos.de/14143/tb9

**Flache Schalen**  eignen sich für flach wurzelnde Kugelkakteen
und Agaven sowie für üppige Gartenarrangements.

**Töpfe**  sind gut für verzweigende und säulig wachsende Kakteen
und andere Sukkulenten und solche mit Rübenwurzeln geeignet.

standsanzeiger wird in die Drainageschicht aus
dem 5–10 cm hoch eingefüllten Blähton gesteckt, darauf kommen das Trennvlies und darauf dann das Pflanzsubstrat.

## Staunässe vermeiden

Pflanzschalen aus Keramik, Glas, Kunststoff oder
Porzellan eignen sich gut, um kleine Landschaften
zu gestalten. Sind diese nicht mit Wasserabzug
ausgestattet, aber zu klein für den Einbau einer
Drainage, ist ganz besonders darauf zu achten,
dass sich am Grund kein Wasser ansammelt und
so zu Wurzelschäden führt.  ■

**Mit dem richtigen Zubehör** und Substrat ist das Ein- und Umtopfen ganz leicht und die Pflanzen können sich gut entwickeln.

# DIE RICHTIGEN
# *Substrate*

**DIE RICHTIGE MISCHUNG** entscheidet über eine einfache und erfolgreiche Pflege. Ein gutes Substrat für Kakteen und andere Sukkulenten soll Halt geben, gut zu durchwurzeln sein und eine stabile Struktur haben. Es muss Wasser aufnehmen und halten können, auch wenn es vorher völlig ausgetrocknet war. Es muss locker sein und auch im feuchten Zustand genügend durchlüftete Poren

haben. Schließlich ist von der Qualität des Substrates, insbesondere dem Puffervermögen, die Nährstoffversorgung ganz erheblich abhängig. Die meisten Kakteen und anderen Sukkulenten wachsen sehr gut in einer stark mineralischen Mischung, bestehend zur Hälfte aus einer guten Blumenerde, auch Einheitserde genannt. Achten Sie auf einen hohen Anteil an Kokosfasern, diese sind nachhaltig und eine wertvolle Ergänzung zum Torf. Einheitserde hat bereits einen ausreichenden Sand- und Tonanteil, man gibt circa ¼ Lava oder gebrochenen Blähton und ¼ Bims hinzu.

## Zeolith beigeben

Manche Kakteen und andere Sukkulenten vertragen Humus nicht gut. Für sie empfiehlt sich eine rein mineralische Mischung aus Lava oder gebrochenem Blähton und Bims, der 10–20 % Quarzkies beigegeben wird.

Verbessern kann man beide Mischungen noch durch Zugabe von bis zu 50 % Zeolith. Dieses Mineral magmatischen Ursprungs lagert Nährstoffe an, ermöglicht es der Pflanze, diese wieder abzulösen und nimmt auf der anderen Seite Ausscheidungsprodukte der Pflanzen auf. Dieser sogenannte Ionenaustauscheffekt wirkt einer frühzeitigen „Ermüdung" des Substrates entgegen. Für nachhaltige Innenraumbegrünungen in geschlossenen Gefäßen gibt es heute hervorragende Substrate aus Lava, Bims und Zeolith in optimaler Körnungsgröße.

## Auf die Körnung achten

Insbesondere für ganz kleine Töpfe muss man darauf achten, dass das Substrat nicht zu grob ist. Die Wurzeln sollten genügend Kontakt zum Substrat haben, damit sie Feuchtigkeit und Nährstoffe gut aufnehmen können. Ebenfalls sollte das Substrat sowohl feine Anteile von 1 mm sowie größere bis 1 cm haben. Für die Aussaat und das Verpflanzen kleiner Sämlinge in kleine Töpfchen ist eine Körnung bis maximal 8 mm vorzuziehen. Der spezialisierte Fachhandel hält solche qualitativ hochwertigen Mischungen bereit. ■

**SUBSTRATE UND ZUSCHLAGSTOFFE**
**1. Die Wichtigsten**
Standardmix aus Lava, Bims, Torf, Kokosfaser, Sand und Ton, rechts die rein mineralische Mischung.
**2. Hauptbestandteile**
Hinten Lava, vorne rechts Bims, beides magmatischen Ursprungs, links Quarzkies.
**3. Zuschlagstoffe**
Hinten Zeolith (Pufferwirkung), vorne rechts Perlit (Luftführung), vorne links Vermiculit (Wasserführung).

# SCHRITT FÜR SCHRITT *Umtopfen*

**FRISCHES SUBSTRAT** braucht eine Pflanze spätestens, wenn sie im ursprünglichen Topf keinen Platz mehr findet. Als Faustregel gilt aber auch sonst, dass man nach zwei, spätestens aber nach fünf Jahren umtopfen sollte, denn das Substrat wird im Laufe der Zeit verbraucht. Man spricht auch von „Bodenmüdigkeit", da die Erde mit Stoffwechselprodukten und Unverwertbarem aus Gießwasser und Dünger angereichert ist. Der beste Zeitpunkt für das Umtopfen ist das zeitige Frühjahr, bevor das Wachstum wieder beginnt, oder nach der Blüte.

## So geht's

Um nicht in unangenehmen Kontakt mit den Dornen zu kommen, kann man eine „Bandage" aus Zeitungspapier zu Hilfe nehmen, die um den Kaktus gelegt wird und mit der man die Pflanze gut mit einer Hand greifen kann. Die andere Hand zieht den alten Topf ab. Gegebenenfalls kann man Plastiktöpfe ein wenig drücken, damit sich der Wurzelballen löst. Bei Tontöpfen ist es das Einfachste, diese zu zerschlagen, wenn sie sich nicht anders lösen lassen.

**So leicht** und verletzungsfrei geht Umtopfen und Kaktus & Co. sind Ihnen dankbar für frische Erde, Platz zum Wachsen und eine bessere Standfestigkeit im neuen Gefäß.

1. **Mit der Papiermanschette festhalten und Topf abziehen.**

2. **Alte Erde lösen und den Wurzelballen lockern.**

3. **Mit der Papiermanschette in das neue Pflanzgefäß halten.**

4. **Mit Hilfe der Handschaufel frische Erde auffüllen.**

5. **Mit dem Pikier-, Holzstab oder der Eintopfhilfe andrücken.**

6. **Zum Schluss mit Splitt oder Kies abdecken.**

Das neue Pflanzgefäß sollte unbedingt ausreichend groß sein und für die nächste Zeit genügend Platz und Entwicklungsmöglichkeit bieten. Man füllt es zu circa ⅓ mit Substrat. Die Pflanze wird mit der Papierbandage in das Gefäß gehalten und darum herum wird mit einer Handschaufel Erde nachgefüllt. Mit einem Pikier- oder Holzstab alles fest andrücken, sodass ein guter Kontakt zu den Wurzeln entsteht. Zum Schluss wird mit der Handschaufel noch Splitt oder anderes mineralisches Material circa 1–2 cm dick auftragen. Das gibt der eingetopften Pflanze Halt und sieht gut aus.

Angegossen wird erst circa zwei Wochen nach dem Umtopfen. In dieser Zeit sind verletzte Wurzeln verheilt und die Pflanze konnte das neue Substrat mit frischen Wurzeln durchziehen. Bei sehr großen Pflanzen müssen Sie unbedingt zu zweit umtopfen. Dabei greift eine Person den Kaktus mit der Papierbandage. Hier können dicke Styroporklötze zum Greifen und Heben ebenfalls helfen. Die zweite Person entfernt den Topf, hilft die Pflanze in den neuen Topf zu manövrieren und füllt das frische Substrat ein während die andere Person weiterhin die Pflanze stützt. ∎

# *Der Rückschnitt*
## STECKLINGE & PFROPFEN

**EIN RÜCKSCHNITT KANN ERFORDERLICH SEIN,** weil der Säulenkaktus an der Decke anzustoßen droht oder eine Sukkulente zu ausladend für den Fensterbrettplatz wird. Es kommt auch vor, dass sich eine Pflanze einseitig entwickelt und der Rückschnitt wieder einen ausgewogenen Aufbau ermöglicht. Das Entfernen von Trieben, die wegen Lichtmangel, Sonnenbrand oder durch Schädlinge unansehnlich geworden sind, kann der Sukkulente ebenfalls ihre ursprüngliche Anmut zurückgeben. Da ein Trieb, dessen Spitze abgeschnitten wird, in der Regel wieder austreibt und das oft mehrfach, kann durch Zurückschneiden auch eine kompaktere Form entstehen, die schöner verzweigt ist.

Zu beachten ist, dass man Pflanzen, die aufgrund ihrer Größe geschnitten werden, nicht zu knapp stutzt, sonst ist die Decke durch den Neuaustrieb schon in Kürze wieder erreicht. Bei ganzen Seitentrieben, bei denen es nicht darauf ankommt Verzweigungen zu erreichen, trennt man direkt am Stamm ab und lässt keine Stummel stehen. Dies gilt auch für Gliederkakteen, bei denen man immer an der Einschnürung schneidet. Bei kranken Trieben wird grundsätzlich bis auf das gesunde Gewebe ausgeschnitten und der letzte Schnitt mit desinfiziertem Werkzeug ausgeführt. Achten Sie hierbei auf scharfe Arbeitsmittel.

Bei der Wolfsmilch *Euphorbia* tritt nach einer Verletzung ätzender Milchsaft aus. Der Saft kann auf empfindlicher Haut oder den Augen heftige, gefährliche Verätzungen hervorrufen. Um den Saftfluss zu stillen, tränkt man ein Küchentuch mit heißem Wasser und betupft damit die Schnittstelle.

**Bunte Pfröpflinge** benötigen die grüne Unterlage für die Photosynthese, die Verbindung wurde durch Pfropfen erzeugt.

**PFROPFEN FÜR ANFÄNGER** Wie Sie einfach Schritt für Schritt einen Kaktus pfropfen bzw. veredeln können, erfahren Sie hier oder unter www.m.kosmos.de/14143/tb10

## Stecklinge schneiden

Die beim Rückschnitt abgetrennten Triebe finden von Frühjahr bis Sommer als Steckling Verwendung. Blattstecklinge funktionieren nur bei bestimmten Gattungen wie *Kalanchoe, Gasteria* und *Crassula*. Nimmt man die Seitensprosse, zum Beispiel von Kakteen oder *Haworthia*, spricht man auch von Ablegern. Die Triebe sollten weder zu alt und verholzt noch zu weich und jung sein. Mit einem scharfen Messer schneidet man sie mit einem ziehenden Schnitt ab, um die Zellen nicht zu quetschen. Um Infektionen zu vermeiden, müssen die Schnittstellen rasch abtrocknen. Eine Desinfektion mit Holzkohlestaub bietet sich an. Die Stecklinge werden aufrecht in Kisten mit Gitterboden, in Töpfe mit geknülltem Zeitungspapier oder in völlig trockenes Bewurzelungssubstrat gesteckt. Oft zeigen sich bereits nach wenigen Wochen Wurzelspitzen.

## Pfropfen – Veredeln

Beim Veredeln – auch Pfropfen genannt – wird eine Unterlagenpflanze, die die Wurzel liefert, mit einem Edelreis oder Pfröpfling zusammengefügt.

Diese Vermehrungsmethode wird häufig dann gewählt, wenn das Edelreis oder der Pfröpfling nicht oder nur schwer auf der eigenen Wurzel wachsen kann, eine beschleunigte Entwicklung gewünscht ist oder wenn die Vermehrung durch Samen oder Stecklinge nicht funktioniert. ■

**RÜCKSCHNITT AN *EUPHORBIA TRIGONA***

**1. Hoch hinaus**
Die Pflanze hat die Decke erreicht und ist zu ausladend geworden, höchste Zeit für eine Korrektur.
**2. Alles Schneiden**
Alle Triebe, die zu hoch, ausladend, dünn oder unansehnlich sind, werden beschnitten.
**3. Versiegeln**
Den Saftfluss stoppt man mit Wundverschlussmittel.

# Kultur & Pflege
## IRRTÜMER & FEHLER

**SUKKULENTE PFLANZEN** bringen die Fähigkeit mit, Wasser und Nährstoffe enorm lange zu speichern. Sie sind genügsam genug, um in unwirtlichen Trockengebieten zu überleben. Wenn wir nun die Verantwortung für diese Pflanzen übernehmen und dabei ihr Wesen übersehen, sie zum Beispiel zu dunkel aufstellen oder nicht düngen, treten früher oder später Schwächeerscheinungen auf, das Wachstum stagniert, die Form geht verloren, Blüten bleiben aus oder sterben ab.

## Licht- und Nährstoffmangel

Zu wenig Licht führt zu dünnem (etioliertem) Wuchs. Die Farbe von Oberhaut und Dornen wird heller, die Dornen werden dünn und schwach. Nach und nach tritt eine Schwächung an der Basis gefolgt von Fäulnis auf. Ein Hellerwerden der Basis, später braun und faul werden, kommt häufig auch durch Nährstoffmangel. Dabei mobilisieren die Pflanzen

**Lichtmangel** führt zu dünnem Wuchs, besonders im Winter bei Arten, die kühl überwintern sollten.

**Nährstoffmangel** zeigt sich an der Basis oft erst nach Jahren, wenn die Reserven aufgebraucht sind.

***Rebutia* ohne Blütenbildung** durch fehlende Kühle und trockene Winterruhe; gilt auch für Warzenkakteen.

Nährstoffe aus der eigenen Basis und schicken diese nach oben, um damit noch ein wenig weiterwachsen zu können. Hierbei wird die Basis allerdings so geschwächt, dass bald Pilze oder Bakterien das Gewebe zerstören. Das gespeicherte Wasser tritt aus und man ist geneigt die Ursache im Übergießen zu sehen.

## Temperatur anpassen

Eine zu warme Überwinterung von Arten, die in der Natur an Kälte im Winter gewöhnt sind, ist genauso schädlich wie eine zu kühle Überwinterung von Sukkulenten z. B. aus Madagaskar. Diese sind an Temperaturen von 18–28 °C angepasst. Werden sie kühl überwintert, entstehen irreversible Schäden wie glasige und anschließend unmittelbar matschige Pflanzenteile. Wenn Warzenkakteen oder Zwergkakteen schlecht oder gar nicht mehr blühen wollen, ist die häufigste Ursache die fehlende kühle Winterruhe, in der sich normalerweise die Knospenanlagen bilden.

## Sonnenbrand

Helle Triebspitzen, die sich später silbrig-grau verfärben und dann bräunlich verkorken oder verholzen, deuten auf Sonnenbrand hin. Gewöhnen Sie junge Pflanzen zunächst langsam an die Sonne. Mit einem Sonnenschirm im Freien und einer Schattierung am Fenster kann man die Mittagseinstrahlung mildern.

## Falsches Substrat

Wenn das Wachstum stockt oder sogar zurückgeht, obwohl gegossen, gedüngt und ausreichend Licht zur Verfügung gestellt wurde, müssen Sie

**Verbrennungen** zeigen sich immer an der sonnenzugewandten Seite, insbesondere nachdem von drinnen ins Freie geräumt wird.

die Wurzen kontrollieren. Wenn die Durchwurzelung schlecht ist, die Wurzeln zerfallen und die Wurzelspitzen rötlich gefärbt sind, kann die Ursache eine humose Erde sein. *Lophophora williamsii* zum Beispiel verträgt die Humussäuren nicht und benötigt rein mineralische Erde. ■

**CHECKLISTE PFLEGE**
- Düngung nach Gebrauchsanweisung.
- Genügend Licht, mindestens 2–3 Stunden direkte Sonne.
- Keine „nassen Füße"!
- Durchdringend gießen im Wechsel mit Gießpausen.
- Die richtige Wintertemperatur einhalten.
- Beim ins Freie räumen 3 bis 4 Tage an die pralle Sonne gewöhnen.
- Auf die richtige Substratzusammensetzung achten.
- Stärkungsmittel einsetzen, insbesondere Schachtelhalm- und Algenpräparate.

# PILZE, LÄUSE
# & CO. *Schädlinge*

**KRANKHEITSERREGER UND SCHÄDLINGE** gibt es fast überall. Wenn sie allerdings an Ihren Pflanzen auftauchen, sind sehr häufig weitere Pflegefehler die Ursache.

## *Phytophthora*

Da Pilze der Gattung Phytophthora sehr ansteckend sind und keine direkte Behandlung möglich ist, entsorgen Sie die betroffenen Pflanzen inklusive Erde immer sofort im Hausmüll. Töpfe, Werkzeuge, Etiketten, alles was mit den befallenen Pflanzen in Verbindung stand, wird vor einem erneuten Gebrauch desinfiziert. Ursache

ist hauptsächlich zu viel Feuchtigkeit. Verhindern Sie die Ausbreitung des Pilzes mit Kupferpräparaten.

## *Mehltau*

Blätter, Pflanzenkörper, aber auch Knospen und Blüten, werden von einem weißen, mehligen und abwischbaren Belag überzogen, der vorwiegend auf der Oberseite der Blätter von Madagaskarpalmen und Wolfsmilch-Arten erscheint. Besonders wenn die Temperaturen auf 15 °C sinken und Feuchtigkeit auf der Pflanze lange verbleibt, fördert das den Mehltaubefall.

**Phytophtora** die Bezeichnungen Stengelgrund- oder Wurzelfäule und Umfallkrankheit beschreiben Phytophtora gut.

**Mehltau** kann auftreten z. B. an *Euphorbia, Pachypodium, Crassula*, nie an Kakteen oder Agaven.

**Schildläuse** sind hartnäckig und gut geschützt durch ihren Schild. Behandlungen müssen unbedingt wiederholt werden.

**Wollläuse** leben auch bei uns in der Natur. Sie lassen sich von Bäumen fallen und durch den Wind wegtragen.

**Wurzelläuse** entdeckt man oft erst beim Umtopfen. Die Gelege sind meist unter dem Topfrand oder -boden versteckt.

**Spinnmilben** sind gerade noch mit bloßem Auge erkennbar, oft rot aber auch gelblich oder grünlich durchscheinend.

Die Folgen sind schorfige Flecken. Behandlung: Feuchtigkeit auf der Pflanze vermeiden, viel frische, bewegte Luft und bei Befall mit Schwefel-, Lecithin- oder Fenarimolpräparaten spritzen.

## Wollläuse

Nährstoff- oder Lichtmangel sind die häufigsten Ursachen für einen Befall. Es handelt sich um 3–6 mm große, weiße, oft versteckt sitzende Tierchen, die eine watteartige Wachsausscheidung produzieren. Am besten bekämpft man die saugenden Tierchen durch Spritzen mit ölhaltigen Präparaten, mindestens drei Mal im Abstand von einer Woche.

## Wurzelläuse

Nährstoffmangel ist eine der häufigsten Ursachen. Eine Ausbreitung passiert gern während der Wintertrockenheit und ist an den Wachsausscheidungen um die Pflanzenwurzeln herum zu erkennen. Behandlung: mit einem systemischen Präparat zum Gießen, Ausstreuen oder in Zäpfchenform.

## Schildläuse

Auch hier ist Nährstoffmangel die häufigste Ursache. Hunderte Eier und Larven entwickeln sich geschützt unter dem bräunlichen Schild eines Weibchens, daher müssen Behandlungen mit Paraffinöl- oder Mineralöl-Präparaten unbedingt mehrmals gemacht werden.

## Spinnmilben

Wenn die Haut im Scheitel einer Sukkulente silbrig-grau wird, später bräunlich verkorkend oder verholzend, handelt es sich in aller Regel um Spinnmilben. Die Ursache ist meist ein zu warmer und trockener Standort. Bewegte, frische Luft und ein Standort im Freien verhindern ein Ausbreiten. Behandlung: Paraffinöl, Neembaumöl und andere ölhaltige Präparate spritzen. ■

**KLEINE UNTERMIETER** Informationen zu Thrips und Trauermücke sowie Bakteriose- und Virenschadbilder finden Sie hier oder unter www.m.kosmos.de/14143/tb11

# Mini-Wüste
## IN DER SCHALE

### ❷ *Pflanzen anordnen*

Die Pflanzen nicht ganz gleichmäßig im Gefäß verteilen, dadurch wirkt es natürlicher. Zwischen den Pflanzen sollte genügend Abstand bleiben, damit die Steine, mit denen später dekoriert wird, noch Platz finden.

### ❶ *Gefäß vorbereiten*

Für einen Wüstengarten kann man Kunststoffschalen oder Tonschalen nutzen. Wichtig sind ein guter Wasserabzug und Untersetzer, damit gegebenenfalls überschüssiges Wasser aufgefangen wird.

Abzugslöcher solltet ihr mit einer Tonscherbe so abdecken, dass das Wasser gut ablaufen kann. Danach die Gefäße mit Kakteenerde zu $2/3$ füllen.

### ❸ *Vorsicht, Dornen!*

Vor zu kräftigen Dornen schützt man sich, indem man die Pflanzen mit der Grillzange austopft und einpflanzt.

## ❹ Bepflanzen und Substrat auffüllen

In ein kleines Loch wird die Pflanzenwurzel eingesetzt und angedrückt. Falls nötig, füllt man weitere Kakteenerde ein.
Die Handschaufel hilft, sie richtig zu platzieren. Beim Andrücken kann ein Pikierstab oder Holzstäbchen nachhelfen.

## ❺ Kiesel & Steine

Die Kiesel oder andere Steine zur Dekoration einsetzen. Auch hier sieht es natürlicher aus, wenn in kleinen Gruppen und nicht ganz gleichmäßig verteilt wird.

## ❻ Splitt verteilen

Nun das Substrat noch mit Splitt abdecken. Dabei hilft die Handschaufel das Material so zu platzieren, dass man die Kakteen nicht mit bedeckt. Pikierstab oder Holzstäbchen dienen wieder als Fingerersatz, um den Splitt zu verteilen. Dabei die Pflanzen so justieren, dass sie gerade stehen. Am Schluss wird das Gefäß noch auf den passenden Untersetzer gestellt.

### ALLES, WAS IHR BRAUCHT:

- Gefäße zum Bepflanzen mit Wasserabzug und Untersetzer
- bei Tonschalen Tonscherbe zum Abdecken des Lochs
- Kakteenerde
- Pikierstäbe oder Holzstäbchen, Grillzange, Handschaufel
- Steine und Splitt zum Abdecken
- geeignete Kakteen/Sukkulenten für die Bepflanzung, z. B.: *Euphorbia enopla, E. susannae* oder *E. obesa, Parodia*, auch inklusive *Notocactus* (alle Arten), *Gymnocalycium* (alle Arten), *Haworthia* (alle Arten), *Cleistocactus strausii, Myrtillocactus geometrizans, Ferocactus gracilis, Echinocactus grusonii, Pachypodium rosulatum* ssp. *gracilius, horombense, densiflorum, rosulatum, Oreocereus trolli, Coryphantha*-Arten

# dornig & weich
# PORTRÄTS

# STANDORTGRUPPEN

**S. 54**

## *Für die Fensterbank*

Arten, die ganzjährig in beheizten Räumen gut gedeihen, sind hier genau richtig. Sie kommen ohne ausgesprochene Winterruhe zurecht und sollten dann nur den Lichtverhältnissen angepasst und weniger gegossen werden als im Sommer.

**S. 58**

## *Innenraum, Foyer & Wintergarten*

Sie lieben beheizte Räume genauso, wie sie im temperierten Atrium oder Foyer mit größeren Temperaturschwankungen zurechtkommen. Die Pflege ist ganz einfach: Bei kühler Überwinterung trocken halten, bei warmer mäßig gießen.

**S. 62**

## *Lebende Steine* FASZINIERENDE KLEINODE AUS DEM SÜDLICHEN AFRIKA FÜR IHR ZUHAUSE ENTDECKT.

S. 64

S. 70

## Die Königinnen der Nacht

Über 20 Arten gehören zu dieser Gattung, die nach der griechischen Mondgöttin Selene benannt ist. Die meisten ihrer Arten entwickeln zum Teil königlich riesige und duftende Blüten, die nur eine Nacht geöffnet sind.

S. 72

## Freilandpflanzungen

Nur drei Dinge sind nötig für ein prächtiges Gedeihen und Blühen der hier vorgestellten vollkommen winterharten Arten: direkte Sonne, guter Wasserabzug und naturgemäße Ernährung. Gartenbeete, Trockensteinmauern, frostfeste Kübel und Balkonkästen können zur Heimat werden. Durch unterschiedlich farbige Blätter, Bedornungen und Blüten lassen sich attraktive Pflanzungen realisieren.

## Frische Luft auf der Terrasse

Diese Arten gedeihen und blühen besser, wenn sie im Sommer viel frische Luft bekommen und eine ausgesprochene Ruhezeit im Winter durchmachen. Bei Temperaturen unter 15 °C hält man sie deshalb vollkommen trocken von Oktober bis mindestens Ende Februar.

# DIE BESTEN FÜR
## DIE *Fensterbank*

## Adenium obesum

**Herkunft** Die Wüstenrose ist in Südarabien, von Uganda bis Mosambik und Kenia bis Nordtansania beheimatet. Dort wird sie bis zu 2 m hoch.
**Aussehen** Die Blüten erscheinen von Mai bis September am Ende eines Sprosses, die Triebe verzweigen nach der Blüte, die Stammbasis ist verdickt (Caudex).
**Pflege** *Adenium* mag es sehr warm und viel direkte Sonne. Im Sommer kräftig, im Winter mäßig wässern; auf guten Wasserabzug achten.
**Besonderheiten** Nur Sämlinge entwickeln einen Caudex. Stecklinge bilden dagegen keinen verdickten Stamm aus.

## Dioscorea elephantipes

**Herkunft** Der Elefantenfuß, auch *Testudinaria elephantipes* genannt, ist in Südafrika zu Hause.
**Aussehen** Die korkig-holzige Oberfläche der oberirdischen Knolle reißt im Alter geometrisch auf, was an einen Schildkrötenpanzer erinnert.
**Pflege** Wächst in der Natur im Winter und geht im Sommer in Ruhe. Dabei ziehen die Triebe ein und ein Rückschnitt empfiehlt sich. Die Ruhezeit kann durch Trockenheit jederzeit ausgelöst werden. Nach 4 bis 6 Wochen treibt die Pflanze wieder aus und wird dann auch wieder regelmäßig gegossen und gedüngt.

*Diese Arten gedeihen ganzjährig im Zimmer und empfehlen sich, wenn Sie nicht umräumen möchten.*

**ADENIUM** Sechs weitere ungewöhnlich farbenfrohe *Adenium*-Sorten im Porträt lernen Sie hier kennen oder auch unter www.m.kosmos.de/14143/tb12

## Pachypodium lamerei

**Herkunft**  Die Madagaskarpalme stammt, wie der Name schon verrät, aus Madagaskar.
**Aussehen**  Sukkulent verdickte, bedornte Stämme mit einem palmenartigen Blattschopf. Ältere Pflanzen mit 120–200 cm Höhe blühen weiß duftend.
**Pflege**  Sehr helle bis sonnige Fenster sind ein idealer Standort. Wichtig ist auch, gute Blumen- oder Kakteenerde zu verwenden. Regelmäßig gießen, im Sommer mehr, im Winter weniger.
**Besonderheiten**  Eine dankbare Zimmerpflanze ist auch *Pachypodium geayi* mit ihren rötlich grünen Blättern.

## Hoya carnosa

**Herkunft**  Von Indien über Südchina und Japan, Taiwan bis Australien.
**Aussehen**  Windende und kletternde Triebe mit ovalen, ausdauernd sukkulenten, gestielten Blättern. Die stark süßlich duftenden Blüten erscheinen in einer Scheindolde an speziellen Blütentrieben. Will man regelmäßig Blüten haben, darf man diese stummeligen Triebe auch nach der Blüte nicht abschneiden.
**Pflege**  Hell, aber keine direkte Sonne. Regelmäßig feucht halten, auch Besprühen mögen die Wachsblumen sehr gern. Vermehrung durch Kopf- sowie Stammstecklinge möglich.

## Parodia chrysacanthion

**Herkunft**  Aus den Provinzen Jujuy und La Paz in Hochlagen von 1 500–2 000 m im nördlichen Argentinien stammend.

**Aussehen**  Die Blüten sind goldgelb und bilden sich in großer Zahl im wolligen Scheitel. Der Wuchs ist anfangs flachkugelig, später länglich. Leuchtend goldgelbe Dornen lassen die Pflanze auch ohne Blüte attraktiv erscheinen.

**Pflege**  Zimmertemperatur wird im Winter gut vertragen, aber auch eine kühle Überwinterung ist möglich. Im Sommer mindestens einmal wöchentlich gießen, während warmer Überwinterung alle 2 bis 4 Wochen.

**Besonderheiten**  Dieser Kaktus zeigt schon sehr früh, meist bereits im Februar, seine ersten Blüten und blüht dann bis spät ins Frühjahr hinein.

## Melocactus matanzanus

**Herkunft**  Der Melonenkaktus stammt aus dem nördlichen Kuba.

**Aussehen**  Die Blüten sind rosa bis lilafarben, 1–2 cm lang, aber nur circa 0,5 cm im Durchmesser und bilden sich ausschließlich aus einem speziell für die Blüten entwickelten Gewebe, einem endständigen Borstenschopf (Cephalium). Der Wuchs ist kugelig mit 7–9 cm Durchmesser, nie sprossend.

**Pflege**  Am sonnigen Fenster, keinesfalls unter 15 °C. Im Sommer regelmäßig gießen, im Winter hin und wieder ein wenig wässern.

**Besonderheiten**  Melonenkakteen haben zwei Lebensphasen: eine Jugendform ohne Blüten und eine Altersform, in der nur noch das Cephalium wächst und Blüten produziert. Dieses Cephalium ist bei *M. matanzanus* rötlich braun.

## Gymnocalycium mihanovichii

**Herkunft**  *Gymnocalycium mihanovichii* 'Red Cap', auch Erdbeerkaktus genannt, ist ein Kultivar von 3–5 cm Größe. Die Mutterpflanzen dieser Zuchtform kommen in Paraguay und Nordost-Argentinien vor.

**Aussehen**  Ohne den grünen Farbstoff (Chlorophyll) erscheinen die Pflanzen rot, das macht die Haltung als Pfropfung nötig, bei der die grüne Unterlage die nötige Photosynthese übernimmt.

**Pflege**  Standort am sonnigen bis halbsonnigen Fenster. Wöchentliches Gießen und regelmäßige Düngergaben sind für ein Gedeihen erforderlich.

**Besonderheiten**  'Red Cap' wird meist auf *Hylocereus* veredelt angeboten, eine Art aus dem tropischen Regenwald. Zwischenzeitlich wurden auch andersfarbige Formen gezüchtet.

## Parodia ottonis

**Herkunft**  Der *Notocactus ottonis*, heute botanisch als *Parodia ottonis* bezeichnet, wächst weit verbreitet bis in 500 m Höhe in Südbrasilien, Uruguay und im nordöstlichen Argentinien.

**Aussehen**  Bis zu 6 cm große, tiefgelbe Blüten mit dunkelroten Narben zieren das Kakteengewächs. Die Triebe haben einen kugeligen Wuchs und bilden später sprossend Gruppen.

**Pflege**  *Parodia* bevorzugt ein sonniges oder halbsonniges Fensterbrett und gedeiht hervorragend bei Zimmertemperatur, kann aber auch kühl und trocken überwintert werden. Einmal wöchentlich gießen, während warmer Überwinterung alle 2 bis 4 Wochen.

**Besonderheiten**  Bildet manchmal unterirdische Sprosse, die sich als Stecklinge zur Vermehrung anbieten.

## DIE BESTEN FÜR
# *Büro & Wintergarten*

## *Euphorbia ingens*

**Herkunft**  Die sogenannte Kandelaber-Wolfsmilch wächst in den Küstenzonen Natals und in den tropischen Gegenden Afrikas.

**Aussehen**  *Euphorbia ingens* beeindruckt mit einem imposanten, baumartigen Wuchs von in der Natur bis zu 10 m Höhe. Dafür recht kleine, unscheinbare gelbe Blüten.

**Pflege**  Von März bis Oktober selten, aber durchdringend gießen, anschließend vollständig austrocknen lassen. Anfang November die Erde ganz abtrocknen lassen, in beheizten Räumen während des Winters ein bis zwei Mal pro Monat leicht gießen.

## *Agave lophantha* '*Multicolor*'

**Herkunft**  Kultivar, dessen Urmütter aus dem Rio-Grande-Tal in Mexiko und Südtexas stammen.

**Aussehen**  Die mehrfarbig gestreiften Blätter geben dieser Form ein besonders auffälliges und attraktives Aussehen. Die Rosetten werden maximal 50 cm groß.

**Pflege**  Von März bis September durchdringend gießen, anschließend wieder austrocknen lassen. Im Winter nur gießen, wenn die Temperaturen über 18 °C liegen.

**Besonderheiten**  Die Rosette stirbt nach der Blüte ab, treibt aber rechtzeitig genügend Kindel aus.

*Diese Arten eignen sich bestens für die trockene Büro- oder Zimmerluft,
aber auch für die Temperaturschwankungen einer Eingangshalle, eines
Treppenhauses oder eines temperierten Wintergartens.*

## Kalanchoe beharensis

**Herkunft**  Das Samtblatt ist in den Trockenwäldern Madagaskars beheimatet.

**Aussehen**  Blüht rosagrün bis grüngelblich in 40–50 cm hohen Blütenständen. Das eigentlich Attraktive sind aber die kräftigen, aufrechten Triebe mit den großen, behaarten Blättern.

**Pflege**  Helles bis sonniges Fenster. Warme oder kühle Überwinterung ab 12 °C möglich. Im Sommer kräftig gießen, im Winter der Temperatur entsprechend mäßig.

**Besonderheiten**  Die starke Vitalität dieser Pflanze zeigt sich daran, dass sogar abgerissene Blattstücke neu austreiben.

## Alluaudia procera

**Herkunft**  Ihre Heimat ist der Süden und Südwesten Madagaskars.

**Aussehen**  Die gelblichen bis weißen Blüten erscheinen in großen Rispen. Der Spross wächst als Strauch mit schmaler Krone. In welligen bis spiraligen Reihen stehen viele Dornen. Die nachfolgenden Blätter wachsen in Paaren und zeigen mit der Schmalseite nach oben.

**Pflege**  Warme oder kühle Überwinterung ab 12 °C möglich. Im Sommer kräftig gießen, im Winter der Temperatur entsprechend weniger.

**Besonderheiten**  Wirft bei Trockenheit die Blättchen ab, bildet dann aber rasch neue aus.

## Echinocactus grusonii 'Brevispinus'

**Herkunft** Der Kurzdornige Schwiegermutterstuhl ist ein Kultivar. Die ursprüngliche Art kommt aus einem sehr begrenzten Gebiet in Querétaro. Aufgrund eines Staudammprojektes ist er dort ausgestorben, vom Menschen aber weit verbreitet.

**Aussehen** Die gelben Blüten entwickeln sich aus dem Scheitel alter Pflanzen. Der kugelförmige Wuchs kann bis zu 80 cm im Durchmesser erreichen. Die leuchtend goldgelben Dornen sind kurz und leicht zum Körper hin gebogen.

**Pflege** Sehr pflegeleicht. Im Wechsel durchdringend gießen und wieder vollkommen abtrocknen lassen. Bei Temperaturen unter 18 °C gar nicht gießen.

**Besonderheiten** Eine neue, besonders schöne Form des wohl populärsten Kaktus überhaupt.

## Polaskia chichipe

**Herkunft** Diese Pflanze ist in Oaxaca und Puebla im südlichen Mexiko zu Hause.

**Aussehen** Die Blüten bilden sich ausschließlich an älteren Pflanzen und öffnen sich nachts in Gelblichgrün bis Cremeweiß mit einem Durchmesser von bis zu 4 cm. Die Jungpflanzen sind grauweiß bereift, später grün mit bis zu 7 cm dicken Trieben und scharfkantigen Rippen. Im Alter kurzstämmige, kompakte Bäume bildend.

**Pflege** *Polaskia chichipe* sollte wenigstens ein paar Stunden direkte Sonne am Tag bekommen. Durchdringend gießen, dann wieder vollkommen abtrocknen lassen und bei Temperaturen unter 18 °C gar nicht gießen.

**Besonderheiten** Die essbaren, roten Früchte können Sie im Juli auf den lokalen Märkten als „Chichituna" bestaunen und kaufen.

## Ferocactus pilosus

**Herkunft**  Meist noch als *F. stainesii* bezeichnet, ist der sogenannte Rotdornige Tonnenkaktus im nördlichen Mexiko beheimatet.

**Aussehen**  Als junge Pflanze bildet er eine einzelne Kugel, im Alter eine kurze Säule von bis zu 50 cm Durchmesser und wird bis zu mehreren Metern hoch. Alte Pflanzen sprossen von der Basis aus und bilden so Gruppen. Die gelben bis roten Blüten erscheinen erst an älteren Pflanzen im Scheitel in Kränzen.

**Pflege**  Zwei Stunden direkte Sonne pro Tag sollte der *Ferocactus* bekommen. Er wird durchdringend gegossen, dann lässt man ihn wieder vollkommen abtrocknen und bei Temperaturen unter 18 °C hält man ihn ganz trocken.

**Besonderheiten**  Durch die leuchtend roten Dornen ist er interessant für die Gestaltung.

## Pachycereus pringlei

**Herkunft**  Der Mexikanische Kandelaberkaktus wächst in Mexiko (Sonora und Baja California).

**Aussehen**  Die weißen Blüten sind bis zu 8 cm lang und bei Tag und Nacht offen. Sie erscheinen aber erst an älteren Exemplaren ab 3 m Höhe. Der Kaktus entwickelt in der Topfkultur eine dicke Säule; in der Natur Baumausmaße mit 11 m Höhe und einem Stammdurchmesser von 60 cm.

**Pflege**  *Pachycereus* sollte täglich wenigstens ein paar Stunden direkte Sonne bekommen. Durchdringend gießen, dann wieder vollkommen abtrocknen lassen und bei Temperaturen unter 18 °C gar nicht gießen.

**Besonderheiten**  Neben dem Saguaro (*Carnegiea gigantea*), dessen Stamm ebenfalls 60 cm dick und über 10 m hoch wird, der größte Kandelaberkaktus Mittelamerikas.

# MITTAGSBLUMEN-GEWÄCHSE
# *Lebende Steine*

**VIELE HOCHSUKKULENTE MITTAGSBLUMENGEWÄCHSE** stammen aus dem südlichen Afrika. Obwohl sie alle zu einer Familie gehören, haben sie sich an die unterschiedlichsten Klimabedingungen angepasst. Trotzdem benötigen alle Arten der Lebenden Steine *(Lithops)* eine streng festgelegte Ruhezeit. Von Januar bis Ende April wird auf keinen Fall gegossen. Andere, wie *Conophytum*, haben ihre Ruhezeit in unserem Sommer und wieder andere, wie der Lebende Granit *(Pleiospilos)* benötigen keine ausgesprochene Ruhezeit.

## *Lithops lesliei*

Lebende Steine, witziger Weise auch Hottentottenpopo genannt, blühen meist in einem strahlenden Goldgelb. Sie bevorzugen herkunftsbedingt sonnige Fenster und sollten unbedingt auch im Winter bei Zimmertemperatur gehalten werden. Die Ruhezeit erstreckt sich von Januar bis Ende April bei völliger Trockenheit. Das alte hochsukkulente Blattpaar zieht ein und ein neues entsteht. Gegossen wird von Mai bis Oktober

**Lithops lesliei** behält ihren südafrikanischen Jahreszeitrhythmus bei, blüht in unserem Herbst und ruht im Frühjahr.

**Lithops karasmontana** will wie alle anderen Lebenden Steine vollkommen trocken stehen von Januar bis Ende April.

**Pleiospilos nelii** wird mit bis zu 15 cm enorm groß und legt nur dann eine Ruhezeit ein, wenn es kühler als 15° C ist.

*Frithia pulchra* bildet hüsche, kleine Rosetten und möchte eine kühle, trockene Winterruhe.

*Conophytum bilobum* wächst auch im Winter bei Temperaturen über 18° C. Ist es kühler, trockener halten.

*Lapidaria margarethae* wächst gut, wenn es warm und hell ist. In dunklen Wintern besser kühl und trocken halten.

alle ein bis zwei Wochen, von November bis Dezember alle drei bis vier Wochen. Verwenden Sie quarzsandhaltiges, mineralisches Substrat.

## Lithops karasmontana

Diese Art der Lebenden Steine blüht weiß. Die Pflege verhält sich wie bei *Lithops lesliei*. Bei allen *Lithops* dringt Licht durch die Oberseite der Blätter, durch sogenannte Fenster, in die Pflanze ein und fällt von innen auf die unterseits vorhandenen chlorophyllhaltigen Zellen. Diese Fenster sind von Art zu Art durch typisch gemusterte farbige Einlagen teilweise verdunkelt, sodass der Lichteinfall begrenzt wird.

## Pleiospilos nelii

Die Blüten von *Pleiospilos* sind mit bis zu 7 cm im Durchmesser sehr groß und gelborange mit einer weißen Mitte. Die Pflanze besteht in der Regel aus zwei hochsukkulenten, großen, dunkelgrünen Blattpaaren; wachsen zwei neue, ziehen die beiden älteren ein. Die Pflanze im Winter bei über 18 °C mäßig gießen.

## Frithia pulchra

Die Blüten leuchten purpurrosa mit weißem Zentrum und sind sehr dekorativ. Der Wuchs ist kompakt mit 6 bis 9 Blättern in einer Rosette. Pflege: Im Frühjahr und Sommer regelmäßig wässern, im Winter trockener halten.

## Conophytum bilobum

*Conophytum* haben bis zu 3 cm große, gelbe Blüten und sattgrüne Köpfchen aus zwei verwachsenen Blättern, die nach und nach durch Sprossung Gruppen bilden. Pflege: Im Hochsommer eine Ruhezeit mit geringeren Wassergaben einhalten. Ab September dann bis Juni alle ein bis zwei Wochen gießen bei Temperaturen über 18 °C.

## Lapidaria margarethae

Die Blüten sehen mit etwa 100 gelben Kronblättern sehr imposant aus. Der Wuchs ist kompakt und besticht durch mehrere weißliche Blattpaare. Pflege: Alle ein bis zwei Wochen wässern, solange die Temperaturen über 18 °C liegen. ■

## DIE BESTEN
## FÜR *Die Terrasse*

### Escobaria minima

**Herkunft** Beheimatet im Wüstengrasland von Texas und Mexiko.

**Aussehen** Die Blüten sind leuchtend rosa bis rötlich purpurfarben. Sie sind 2–2,5 cm lang und erreichen einen ebensolchen Durchmesser. Die Pflanzenkörper sind sehr klein und sprossend. Die abgeflachten Dornen stehen sehr dicht, liegen stark an der Trieboberfläche an und verdecken diese.

**Pflege** Sparsam wässern, eine trockene Winterruhe bei 3–10 °C ist zu empfehlen.

**Besonderheiten** Streng geschützt nach dem Washingtoner Artenschutzabkommen.

### Crassula-Hybride 'Buddha's Temple'

**Herkunft** Hybride zwischen *Crassula pyramidalis* aus der Kleinen Karoo-Wüste in Südafrika und *Crassula perfoliata* v. *minor* ebenfalls aus Südafrika. Züchter ist Myron Kimnach.

**Aussehen** Kurze Blütenstände mit kleinen, weißen Blütchen, außen hellrosa. Dicht gepackte, dunkelgrüne Blätter bilden eine zylindrische Pyramide.

**Pflege** Liebt die frische Luft und Sonne im Sommer. Die Pflanze bleibt so kompakt und gedrungen und behält ihre schöne, dunkelgrüne Farbe. Ein kühler Winterstand bei 5–15 °C ist günstig.

*Diese Arten eignen sich besonders gut dafür, im Sommer auf dem Balkon, der Terrasse oder im Garten zu stehen.*

**ECHINOPSIS** Sechs weitere ungewöhnlich farbenfrohe *Echinopsis*-Sorten im Porträt lernen Sie hier kennen oder auch unter www.m.kosmos.de/14143/tb13

## Echinopsis-Hybriden

**Herkunft** Bauernkaktus, auch Falsche Königin der Nacht genannt. Züchtungen meist mit *E. eyriesii,* die in Südamerika weit verbreitet ist.

**Aussehen** Die 20–30 cm langen Trompetenblüten erscheinen von weiß über gelb orange, rot bis ins tiefe Lila und es gibt sogar viele mehrfarbige Blüten. Sie öffnen abends gegen 17 Uhr und nur wenige Tage lang. Je älter die Pflanzen werden, desto öfter blühen sie pro Jahr.

**Pflege** Leicht zu pflegen. Auf regelmäßige Düngung achten; im Winter nicht gießen. Will man Nachkommen mit derselben Blütenfarbe, geht dies nur bei Vermehrung durch Stecklinge.

## Delosperma echinatum

**Herkunft** In Südafrika, Lesotho und Swasiland beheimatet.

**Aussehen** Gelbliche Blüten bis 2 cm Durchmesser. Bildet kleine Sträucher mit ovalen, sukkulenten Blättern, die von auffälligen Wasserbläschen und Härchen besetzt sind.

**Pflege** *Delosperma* verträgt volle Sonne, wünscht sich durchlässige Erde und kann bis zum ersten Frost draußen bleiben.

**Besonderheiten** Die kleinen, sukkulenten Blättchen ähneln in der Form Essiggurken, was der Pflanze im Englischen auch den Namen Gurken-Kaktus eingebracht hat.

## Agave victoriae-reginae

**Herkunft** Die Queen-Victoria-Agave wächst in den vollsonnigen Hanglagen von Mexiko auf Böden mit hohem Lehmanteil.

**Aussehen** Blütenstand 3–5 m mit hellgelben Blüten. Kompakte, stammlose Rosette mit dicken 15–25 cm langen Blättern, auffälligen weißen Streifen und weißhornigen Rändern.

**Pflege** Gut durchlässige Erde verwenden. Selten, aber kräftig bei höheren Temperaturen gießen, kann im Winter kühl und relativ trocken oder warm und mäßig feucht gehalten werden.

**Besonderheiten** Die Einheimischen nutzen diese Agave für die Gewinnung von Fasern für Kleidung und Seile. Der große Blütenspross wird als Nahrung gekocht beziehungsweise geröstet und der Saft zu einem Tequila-ähnlichen Gebräu verarbeitet.

## Echeveria shaviana

**Herkunft** Beheimatet in den Bergregionen von zum Beispiel Tamaulipas im Norden Mexikos.

**Aussehen** Eine besonders attraktive und ungewöhnliche Pflanze mit saftigen, kurzstämmigen Rosetten aus blaugrauen Blättern mit wellig gekräuselten Rändern. Bei sonnigem Stand nehmen diese eine rötliche Tönung an. Im Spätsommer erscheinen die verzweigten Stiele mit rosa Blüten und gelber Mitte.

**Pflege** In gut durchlässige, humos-mineralische Erde pflanzen, öfters umtopfen. Kann bis zum ersten Frost draußen stehen und sollte dann kühl und relativ trocken überwintern.

**Besonderheiten** Diese Art wird gerne von Züchtern mit wechselndem Erfolg verwendet, um die Farbe und gekräuselten Blätter in die Zuchtziele einzukreuzen.

## Mammillaria zeilmanniana 'Praecox'

**Herkunft** Der Warzenkaktus, heute *M. crinita* genannt, ist in Mexiko beheimatet.

**Aussehen** Die Blüten erscheinen in Kränzen viele Male vom zeitigen Frühjahr bis in den Sommer hinein in Karminviolett bis Purpurrosa mit einem Durchmesser von circa 2 cm. Der Wuchs ist kugelig bis oval; einzeln bis wenig sprossend. Die Gattung hat ihren Namen von den typischen Warzen, auf denen die Dornenpolster sitzen.

**Pflege** In der Ruhezeit völlig trocken halten, da nur dann die Blütenanlage für das darauffolgende Frühjahr veranlagt wird. Je wärmer *Mammillaria* gehalten wird, desto länger dauert diese Induktionszeit.

**Besonderheiten** *Mammillaria* ist eine der umfangreichsten und populärsten Kakteengattungen mit über 170 Arten.

## Aloe polyphylla

**Herkunft** Die Spiral-Aloe ist in steilen, felsigen Hängen zwischen 2 300 und 2 400 m Höhe im Maluti-Gebirge in Lesotho beheimatet.

**Aussehen** Erst nach vielen Jahren 50–60 cm hohe Blütenstände bildend in Rosa, Rot und selten in Gelb. Stammlose, 40–60 cm große Rosetten mit bis zu 150 dicht stehenden Blättern, die bei älteren Pflanzen in fünf spiraligen Reihen stehen.

**Pflege** Viel Platz für die Wurzeln scheint die Entwicklung der spiraligen Stellung der Blätter zu begünstigen. Verträgt Frost bis circa −7 °C, benötigt abweichend von allen anderen Sukkulenten regelmäßig Wasser, auch im Winter.

**Besonderheiten** Durch Überweidung und Rückgang des Malachit-Nektarvogels, dem Bestäuber, vom Aussterben bedroht.

## Rebutia krainziana

**Herkunft**  Die *Rebutia krainziana*, heute botanisch *Rebutia marsoneri* genannt, ist in den Bergregionen der Provinz Jujuy in Nordargentinien beheimatet.

**Aussehen**  Die Blüten sind hochrot, 3–4 cm groß und werden an der Basis des Pflanzenkörpers gebildet. Kleine, kurze Dornen und weiße Areolen in Spiralen um den flachkugeligen, matt hellgrünen, bis circa 4 cm großen Pflanzenkörper angeordnet, im Alter sprossend, Gruppen bildend.

**Pflege**  Sparsam wässern, eine trockene Winterruhe bei 3–10 °C ist wichtig für eine gute Blütenbildung. Überhitzung vermeiden.

**Besonderheiten**  Über längere Zeit immer wieder in Schüben blühend. Es gibt *Rebutia* auch in seltenen Formen mit gelben, weißen oder orangefarbenen Blüten.

## Aeonium-Hybride 'Kiwi'

**Herkunft**  'Kiwi' ist ein Kultivar. Vermutlich sind als Eltern besonders farbige Exemplare von *A. percarneum* und *A. haworthii* zum Einsatz gekommen. Beide *Aeonium* stammen ursprünglich von den Kanarischen Inseln im östlichen Zentralatlantik.

**Aussehen**  Die Sukkulente blüht gelb vom späten Frühjahr bis in den Sommer hinein mit mehrfarbigen Blattrosetten an sich verzweigenden, kleinen Büschen. Die Farbigkeit ändert sich hierbei abhängig von der Jahreszeit, Temperatur und Besonnung.

**Pflege**  Am Sommerstandort wöchentlich gießen und monatlich düngen. Sie können die Pflanze durch Stutzen kompakt halten und den Platzverhältnissen anpassen.

**Besonderheiten**  Die Pflanze ist leicht über Kopfstecklinge zu vermehren.

## Erosyce senilis

**Herkunft** Der Greisenkopf, auch *Neoporteria nidus* genannt, ist in Chile zu Hause.

**Aussehen** Die Blüten befinden sich in Scheitelnähe, sind leuchtend purpurrosa mit hellerer Mitte und einer Größe von 1–3 cm. Häufig noch bis Oktober blühend. Kugeliger Wuchs bis 12 cm Durchmesser, normalerweise einzeln, mit bräunlichgrüner Epidermis. Auffällige, dicke, nach oben gerichtete Dornen, die jedoch von Population zu Population stark abweichen können.

**Pflege** Stark mineralische, durchlässige Erde, in der Winterruhe bei 3–8 °C trocken halten.

**Besonderheiten** Andere lohnende *Neoporteria* sind *N. nidus* var. *gerocephala* mit großen, rosa Blüten und die bläuliche *N. paucicostata* mit weißlich hellrosa Blüten, die es auch in einer grünen Variante *N. viridis* gibt.

## Epiphyllum-Hybriden

**Herkunft** Blattkakteen sind Hybriden von Arten der mittelamerikanischen Gattungen *Epiphyllum, Heliocereus, Nopalxochia, Disocactus* und anderen.

**Aussehen** Blüten in Weiß, Gelb, Orange, Rosa, Rot oder Violett, auch mehrfarbig. 15–20 cm groß, manche duften, blattartig verbreiterte Sprossen, teils aufrecht, teils geneigt.

**Pflege** Im Sommer ein- bis zweimal wöchentlich kräftige Wasser- und Düngergaben, im Winter selten und schwach gießen bei 12–15 °C. Regelmäßiges Entspitzen hält den Wuchs kompakt. Vermehrung durch Stecklinge.

**EPIPHYLLUM** Sechs weitere ungewöhnlich farbenfrohe *Epiphyllum*-Sorten im Porträt lernen Sie hier kennen oder auch unter www.m.kosmos.de/14143/tb14

# Königinnen DER NACHT

**DIE ECHTEN KÖNIGINNEN DER NACHT** gehören alle zur botanischen Gattung *Selenicereus*. Sie entfalten ihre königliche Herrschaft überwiegend in der Nacht, indem sie enorm große, sehr beeindruckende, duftende Blüten öffnen, um diese am nächsten Morgen bereits wieder für immer zu schließen. Die Blüten sind mit bis zu über 30 cm Durchmesser riesig, und verströmen betörende Düfte, mit denen sie nachtaktive Bestäuber anlocken. Trotzdem gibt es auch Arten wie *Heliocereus,* die tagsüber große, dann aber meist farbige und wenig duftende Blüten bilden. Findige Gärtner haben die beiden attraktivsten Arten, *Heliocereus speciosus* und *Selenicereus grandiflorus,* miteinander gekreuzt. Das Ergebnis ist die „Rote Königin" mit einer leuchtend magentafarbenen, tagöffnenden Blüte.

## Selenicereus setaceus

Diese Königin wird auch *Mediocactus hassleri* genannt und ist in Südamerika beheimatet. Ihr

**Die Königin der Königinnen** *Selenicereus grandiflorus* blüht im Juni und entwickelt von allen die größten Blüten.

**Die Rote Königin** *Heliocereus speciosus*-Hybride blüht als einzige der „Königinnen" am Tage in leuchtender Farbe.

**Selenicereus setaceus** ist wenig bekannt aber umso erstaunlicher mit ihren duftenden nächtlichen Blüten.

*Selenicereus chrysocardium* ähnelt mit ihren tief einge-schnittenen Sprossen einem Farn, die Blüten duften intensiv.

*Selenicereus anthonyanus* tröstet mit seiner attraktiven Zick-zackform darüber hinweg, dass die Blüten selten erscheinen.

Wuchs ist aufrecht mit dreikantigen Trieben. Aus den leicht erhabenen Areolen entspringen zwei bis vier konische, rötliche, kurze Dornen. Die bis zu 30 cm langen Blüten sind weiß mit einer gelb-lichen Basis. Pflege: relativ einfach in gut durch-lässiger Kakteenerde. Trocken halten bei kühleren Temperaturen und nicht kälter als 5 °C.

## Selenicereus chrysocardium

Heimat: Mexiko. Sie wächst mit abgeflachten, blattartigen, tief gelappten Trieben, ab Ende Ok-tober mit weißen, süßlich duftenden, bis zu 30 cm großen Blüten. Pflege: maßvoll gießen und bei mindestens 14 °C halten, im Winter sehr spar-sam wässern, ab dem Frühjahr wieder kräftig wässern und düngen, pralle Sonne vermeiden.

## Selenicereus anthonyanus

*S. anthonyanus*, auch Zickzack-Kaktus genannt, wächst im Süden Mexikos. Die Pflanze hat leuch-tend grüne, abgeflachte, tief gelappte Triebe und duftende, purpur- und cremefarbene Blüten mit bis zu 17 cm Durchmesser. Pflege: ab dem Früh-jahr wöchentlich kräftig gießen und monatlich düngen, im Winter seltener bei mindestens

12 °C. Vermeiden Sie pralle Sonneneinstrahlung und benutzen Sie eine humushaltige Erde mit hohem Kokosfaseranteil für die Pflanzen.

## Selenicereus wercklei

Ihre Blüten sind bis zu 16 cm lang und außen grünlichweiß mit magentafarbener Basis. Ab dem Frühjahr wöchentlich kräftig gießen und monatlich düngen, im Winter seltener. ■

*Selenicereus wercklei* hat die grazilsten Sprosse und Blüten. Sie kann dank Ihres Wuchses leicht in einer Ampel gehalten werden.

# DIE BESTEN
## FÜR *Den Garten*

## Orostachys spinosa

**Herkunft** *Orostachys* ist in Ostsibirien, der Mongolei, im Norden Chinas und Korea beheimatet.
**Aussehen** Gelbliche Blüten in traubenartigen Blütenständen. Die walzenförmigen Blätter in dichter Rosette verlängern sich im zweiten Jahr, sodass ab Sommer kurze Blätter in der Mitte von einem Kranz längerer Blätter umgeben sind.
**Pflege** Sonnig bis halbsonnig im Freien oder bei Topfkultur am Fenster bei viel frischer Luft; im Sommer möglichst im Freien.
**Besonderheiten** Der Wechsel von kurzen Blättern im Winter und langen Blättern im Frühjahr verleiht der Pflanze ein „sonnenartiges" Aussehen.

## Sempervivum-Hybriden

**Herkunft** Die Hauswurz ist in den Gebirgszonen auf der nördlichen Erdkugel zu Hause.
**Aussehen** Blütenstand mit 1–1,5 cm großen weißlichrosa bis rosarot oder gelblichen Blüten. Die grünen bis rötlichen Blätter bilden dichte Rosetten, die mehr oder weniger mit Haaren eingesponnen sind.
**Pflege** Anspruchslose Pflanze für den vollsonnigen Standort in gut durchlässiger Erde.
**Besonderheiten** Als Heilmittel gegen Warzen, Hühneraugen sowie bei Wespen- oder Nesselstichen. Früher wurde die Hauswurz auf Dächer gepflanzt, um diese vor Blitzschlag zu schützen.

*Ein Stück Wüste auf dem eigenen Balkon, der Terrasse oder im Garten? Bizarre, schneebedeckte Zylinder-Opuntien, Yuccas oder Kugelkakteen? Nichts einfacher als das mit den vorgestellten Arten.*

## Sedum-Hybriden

**Herkunft** Die Fetthenne stammt aus den gemäßigten und subtropischen Gebieten Nordamerikas, Asiens, Nordafrikas und dem Nahen Osten.
**Aussehen** Aufrechte, höhere Stängel und abgeflachte, sukkulente Blätter oder kurze Stängel, hängend, kriechend oder stehend mit runden oder walzenförmigen, kleinen, oft intensiv gefärbten Blättchen.
**Pflege** Pflegeleicht. Die anspruchslosesten Pflanzen im Garten lieben besonders die trockenen, sonnigen Stellen.
**Besonderheiten** Da *Sedum* sehr schnell wächst, sollten Sie die Pflanzen ab und zu reduzieren.

## Yucca filamentosa 'Colour Guarde'

**Herkunft** Die ursprüngliche Form der Palmlilie oder Yucca-Palme stammt aus dem südlichen und östlichen Nordamerika.
**Aussehen** Die stammlose Art verholzt an der Basis, bildet viele Tochterpflanzen und kann bis zu 80 cm hoch werden, ihr Blütenstand bis über zwei Meter. Er trägt glockenförmige, hängende, weiße Blüten von Juni bis September.
**Pflege** *Yucca* bevorzugt es sonnig, mäßig feucht mit gut durchlässigem Boden im Steingarten oder Trockenbeet.
**Besonderheiten** Hält Minusgrade bis −28 °C aus.

## Echinocereus triglochidiatus

**Herkunft**  Weit verbreitet im Südwesten der USA und im angrenzenden Mexiko.

**Aussehen**  Blüten orangerot bis tiefrot mit heller Mitte und bis zu 7 cm Größe. Zylindrische Triebe, Gruppen bildend. In der Natur bis über 1 m im Durchmesser. Sehr formenreiche Art von typischen drei Dornen bis über 20 je Areole. Es gibt sogar eine dornenlose Varietät: *E. triglochidiatus* var. *inermis*.

**Pflege**  Die meisten Populationen sind völlig winterhart ohne jeden Schutz. Dies gilt auch für alle ihre Varietäten. Von März bis Juli düngen.

**Besonderheiten**  Vielfältige ethnobotanische Nutzung, unter anderem sehen die Tarahumara diesen Kaktus als „falschen Peyote" an und konsumieren ihn als Ersatz für den berauschenden *Peyote*.

## Escobaria sneedii

**Herkunft**  Beheimatet in Westtexas und New Mexico sowie im Norden Mexikos.

**Aussehen**  *Escobaria sneedii* ist sehr reich blühend und bildet schöne, kleine Polster. Blüten weiß mit rosa- oder magentafarbenem Mittelstreif. Zylindrische Triebe bis 2,5 cm im Durchmesser. Sprossend kleine Gruppen bildend, in ganz viele kurze, schneeweiße Dornen gehüllt.

**Pflege**  Vor großer Nässe besonders im Winter schützen, Vermehrung durch Stecklinge und Samen. Pflanzungen in winterharter Keramik, Balkonkästen oder auch kleinräumig auf Trockensteinmauern. Ein sehr stark mineralisches Substrat ist vorteilhaft.

**Besonderheiten**  Die Art ist in der Natur stark gefährdet und wurde in den Anhang I des Washingtoner Artenschutzabkommens aufgenommen.

## Opuntia hystricina-Hybride

**Herkunft** Der Stachelschwein-Feigenkaktus ist ein Kultivar. Die Elternteile stammen aus Arizona, New Mexiko, Südcolorado und Nevada.

**Aussehen** Die Blüten sind gelb über rosa oder orange bis violett. Die einzelnen flachen Sprosse verzweigen sich und bilden so umfangreiche, niedrige Büsche. Auffällig viele, zum Teil sehr attraktive lange Dornen in leuchtend Weiß, Braun oder Rötlich.

**Pflege** An sonnigen und gut drainierten Plätzen im Garten, auf Trockensteinmauern, in Steingärten, in Kübeln, Trögen und Balkonkästen. In Deutschland vollkommen winterhart. Staunässe vermeiden, auf regelmäßige Düngung achten.

**Besonderheiten** Die indianischen Stammesgruppen der Blackfoot verwendeten die Triebe zum Entfernen von Warzen.

## Cylindropuntia imbricata

**Herkunft** Die Säulen-*Opuntia* ist in Zentral-USA bis Zentral-Mexiko zu Hause.

**Aussehen** Dunkelrosa bis magentafarbene Blüten, die nach 5 bis 8 Jahren erscheinen. Bildet Sträucher bis hin zu kleinen Bäumen mit zylindrischen Trieben, die sehr variabel, sogar keulenförmig sein können. Sie erreichen bei uns die beachtliche Höhe von über 2 m.

**Pflege** Heute sind vor allem absolut winterharte Standortformen aus Zentral-USA im Angebot. Die Pflanzen eignen sich ohne Regenschutz ganzjährig für den Garten. Nur bei sehr großer Trockenheit oder überdachtem Standort wird im Freien gegossen.

**Besonderheiten** Die Ureinwohner verwendeten eine Paste aus den gemahlenen Dornenhülsen der Opuntie gegen Eiterbeulen.

## Nützliche Adressen

### Kakteengesellschaften

**Deutsche Kakteen-Gesellschaft e. V.**
Geschäftsstelle
Bachstelzenweg 9
91325 Adelsdorf
Tel.: (0 91 95) 9 98 03 81
E-Mail: kontakt@dkg.eu
www.dkg.eu

**Gesellschaft Österreichischer Kakteenfreunde**
Wiener Straße 28
A-8720 Knittelfeld
Tel.: +43 (0) 6 76 54 27-486
E-Mail: office@cactusaustria.at
www.cactusaustria.at

**Schweizerische Kakteen-Gesellschaft**
Eichstraße 29
CH-5432 Neuenhof
Tel.: +43 (0) 71 7 61 07 17
E-Mail: president@kakteen.org
www.kakteen.org

### Pflanzen und Zubehör

Eine große Auswahl an Pflanzen und zum Teil auch Zubehör und Sämereien bieten Ihnen die folgenden Gärtnereien:

**Kakteen Piltz**
Monschauer Landstr. 162
52355 Düren
Tel.: (0 24 21) 6 14 43
E-Mail: post@kakteen-piltz.de
www.kakteen-piltz.de

**Andreae Kakteenkulturen**
Außerhalb Lengfeld 17
64853 Otzberg-Lengfeld
Tel.: (01 71) 9 61 77 64
E-Mail: januschkowetz@kaktusmichel.de
www.kaktusmichel.de

**Uhlig-Kakteen**
Hegnacher Straße 31
71394 Kernen-Rommelshausen
Tel.: (0 71 51) 4 18 91
E-Mail: uhlig-kakteen@t-online.de
www.uhlig-kakteen.de

**Kakteengärtnerei Andreas Wessner**
Hauptstraße 149
76457 Muggensturm
Tel.: (0 72 22) 5 39 75
E-Mail: andreas.wessner@wessner-kakteen.de
www.wessner-kakteen.de

**Kakteenland Steinfeld**
Wengelspfad 1
76889 Steinfeld
Tel.: (0 63 40) 12 99
E-Mail: info@kakteenland.de
www.kakteenland.de

**Kakteengärtnerei Albert Plapp**
Drooselweg 7–9
84178 Jesendorf-Niederbayern
Tel.: (0 87 44) 83 66
E-Mail: ferobergia@aol.com
www.kakteen-plapp.de

**Kakteengarten**
Lange Mauer Str. 9
86732 Oettingen
Tel.: (0 90 82) 80 33

E-Mail: info@kakteengarten.de
www.kakteengarten.de

**Kakteen Haage**
Blumenstr. 68
99092 Erfurt
Tel.: (03 61) 2 29 40 00
E-Mail: info@kakteen-haage.de
www.kakteen-haage.de

## Staatliche Bodenuntersuchungsinstitute

**Landwirtschaftliche Untersuchungs- und Forschungs-anstalten (LUFA)**
Unter **www.vdlufa.de** erhalten Sie für jedes Bundesland Beratung zur Analyse Ihrer Bodenproben und können Ihre Gartenproben dort auch untersuchen lassen.

## Amtliche Pflanzenschutzberatung

Die Pflanzenschutzdienste beraten in allen Fragen des Pflanzenschutzes und der Pflanzenschutztechnik. Weitere Adressen unter:
**www.pflanzenschutzdienst.de**

**Hamburg**
Pflanzenschutzamt Hamburg
Ohnhorststraße 18
22609 Hamburg
Tel.: (0 40) 42 81 65 90
E-Mail: pflanzenschutz@iangbot.uni-hamburg.de
www.forst-hamburg.de/pflanzenschutzamt.htm

**Baden-Württemberg**
Landesanstalt für Pflanzenschutz
Reinsburgstr. 107
70197 Stuttgart
Tel.: (0 18 05) 19 71 97 46
www.landwirtschaft-mlr.baden-wuerttemberg.de

## Nützlinge

Hier erhalten Sie im Kampf gegen Blattläuse und Co. tierische Unterstützung durch Nützlinge.

**Katz Biotech AG**
An der Birkenpfuhlheide 10
15837 Baruth
Tel.: (03 37 04) 6 75 10
E-Mail: info@katzbiotech.de
www.katzbiotechservices.de

**W. Neudorff GmbH KG**
An der Mühle 3
31860 Emmerthal
Tel.: (01 80) 5 63 83 67
E-Mail: info@neudorff.de
www.neudorff.de

**Der Autor**

Matthias Uhlig, Jahrgang 1959, ist Gärtnermeister und übernahm 1991 die elterliche Gärtnerei, die 1997 als erste deutsche Kakteengärtnerei nach dem Washingtoner Artenschutzabkommen anerkannt wurde. Die Erfahrungen aus einem Studienjahr in der Schweiz und in Kakteengärtnereien in Südfrankreich sowie Kakteen-Reisen nach Mexiko und in den Süden der USA, gibt er bei Vorträgen und Veröffentlichungen von Artikeln in Fach- und Gartenzeitschriften weiter.

# SERVICE

## Register

Die **hervorgehobenen** Seitenzahlen
verweisen auf Abbildungen.

# IMPRESSUM

### Bildnachweis

Mit 140 Farbfotos von

Archiv Sukkulenten-Sammlung, Zürich: 17 un.; Dr. Thomas Brand, Rastede: 13, 44 li., 46 li., 47 (alle drei); Flora Press, Hamburg/Biosphoto/Gilles Le Scanff & Joëlle-Caroline Mayer: (Umschlaginnenseite); Flora Press/Botanical Images: 53 ob.; Flora Press/FocusOn-Garden/Luckner: 11 re.; Flora Press/MAP: 52 li., 68 li.; Flora Press/Nova Photo Graphik: 37 ob., 52 re., 73 li.; Flora Press/Practical Pictures: 11 li.; Flora Press/Royal Horticultural Society: 9; Flora Press/The Garden Collection/Jonathan Buckley: 37 un.; Flora Press/Tim Gainey: 3, 20/21, 36 li.; Flora Press/Visions: 58 li., 72 re.; Hans Graf, Oettingen: 14 (beide), 15, 31 re.; Dirk Herkert, Stuttgart: 16; Ewald Kleiner, Radolfzell: 34 li.; Dr. Erich Kramm, Borken: 71 re.; Herbert Mosel, Berlin (www.hydrotip.de): 25 re.; Dr. Boris O. Schlumpberger, Hannover: 17 ob.; shutterstock/arka38: 7 re., 23 re.; shutterstock/chloe7992: 7 li.; shutterstock/Evikka: 6 re.; shutterstock/federicofoto: 22; shutterstock/Hamiza Bakirci: 3, 50/51; shutterstock/holbox: 13 un.; shutterstock/Ingrid Balabanova: 23 li.; shutterstock/Joao Virissimo: 6 li.; shutterstock/johnbraid: 36 re.; shutterstock/Malgorzata Kistryn: 28; shutterstock/Narongsak Nagadhana: 12; shutterstock/ningii: 42; shutterstock/skogit: 2, 4/5; shutterstock/Somkiat: 54 li.; shutterstock/Tamara Kulikova: 29 ob.; shutterstock/Videowokart: 53 un.; Matthias Uhlig, Kernen-Rommelshausen: 8 (beide), 10, 18, 19 (alle drei), 24, 25 li., 26 (beide), 27 (beide), 29 un., 30, 31 li., 32, 33, 34 re., 35 (alle vier), 38, 39 (alle drei), 40, 41 (alle sechs), 43 (alle drei), 44 mi., 44 re., 45, 46 mi., 46 re., 48 (alle drei), 49 (alle drei), 54 re., 55 (beide), 56 (beide), 57 (beide), 58 re., 59 (beide), 60 (beide), 61 (beide), 62 (alle drei), 63 (alle drei), 64 (beide), 65 (beide), 66 (beide), 67 (beide), 68 re., 69 (beide), 70 (alle drei), 71 li. & un., 72 li., 73 re., 74 (beide), 75 (beide).

## *Impressum*

Umschlaggestaltung von Gramisci Editorialdesign, München unter Verwendung eines Farbfotos von Flora Press/The Garden Collection/Jonathan Buckley (Umschlagvorderseite) und eines Farbfotos von Flora Press/Bildagentur Beck (Umschlagrückseite: *Epiphyllum*-Hybride 'Natascha Paetz').

Mit 140 Farbfotos.

Alle Angaben in diesem Buch sind sorgfältig geprüft und geben den neuesten Wissensstand bei der Veröffentlichung wieder. Da sich das Wissen aber laufend in rascher Folge weiterentwickelt und vergrößert, muss jeder Anwender prüfen, ob die Angaben nicht durch neuere Erkenntnisse überholt sind. Dazu muss er zum Beispiel Beipackzettel zu Dünge-, Pflanzenschutz- bzw. Pflanzenpflegemitteln lesen und genau befolgen sowie Gebrauchsanweisungen und Gesetze beachten. Die Blütenfarben sind sortenabhängig, daher können auch Farben auf dem Markt sein, die im Buch nicht genannt werden. Die Blütezeiten sind ebenfalls sortenabhängig, aber auch klima- und standortabhängig. Die angegebenen Wuchshöhen und -breiten der Pflanzen sind Mittelwerte. Sie können je nach Nährstoffgehalt des Bodens variieren. Verschiedene Sorten können deutlich größer oder auch kleiner wachsen als die Art.

Es wird empfohlen für die Online-Zusatzangebote WLAN zu verwenden. Das mobile Surfen ohne WLAN kann dazu führen, dass zusätzliche Kosten für die Datennutzung bei Ihrem Mobilfunkanbieter entstehen.

Unser gesamtes lieferbares Programm und viele
weitere Informationen zu unseren Büchern,
Spielen, Experimentierkästen, DVDs, Autoren und
Aktivitäten finden Sie unter **kosmos.de**

Gedruckt auf chlorfrei gebleichtem Papier

© 2014, Franckh-Kosmos Verlags-GmbH & Co. KG, Stuttgart.
Alle Rechte vorbehalten
ISBN 978-3-440-14143-4
Projektleitung: Katrin Friedrichs
Redaktion und Bildredaktion: Katrin Friedrichs
Gestaltungskonzept: Gramisci Editorialdesign, München
Gestaltung und Satz: DOPPELPUNKT, Stuttgart
Produktion: Eva Schmidt
Printed in Italy / Imprimé en Italie

FSC
www.fsc.org
MIX
Papier aus verantwortungsvollen Quellen
FSC® C023164